赤《あか》ちゃんなのにクールにお仕《し》事《ごと》

…それがボス・ベイビー!!

DREAMWORKS

THE BOSS BABY

ボス・ベイビー

BACK IN BUSINESS

～ビジネスは赤《あか》ちゃんにおまかせ～

CHARACTERS
登場人物《とうじょうじんぶつ》たち

弟《おとうと》といると大変《たいへん》！
だけどほっとけないし!!

テイム

ティモシー・レズリー・テンプルトン（7歳《さい》）
想像《そうぞう》ごっこが好《す》きな心《こころ》やさしい男《おとこ》の子《こ》。
ボスの正体《しょうたい》を知《し》ってから毎日《まいにち》ドキドキしっぱなし！

ヒーローの自分《じぶん》を想像《そうぞう》してみたり…

親切《しんせつ》でがんばり屋《や》のテイム
根性《こんじょう》だってピカイチ!!

さやいんげんが
大《だい》っキライ！

見《み》た目《め》は赤《あか》ちゃん
中《なか》身《み》はスゴうでビジネスマン

ボス

ティムの弟《おとうと》として
テンプルトン家《け》にやってきた
赤《あか》ちゃん。しかしその正体《しょうたい》は、
赤《あか》ちゃんを家庭《かてい》に送《おく》り込《こ》む
ベイビー社《しゃ》のビジネスマン!!

転送用《てんそうよう》おしゃぶりを
チュッチュすると
ベイビー社《しゃ》に到着《とうちゃく》!

社員《しゃいん》のあこがれの
ボスだけど…
赤《あか》ちゃんっぽい
ことも好《す》き!?

メガ・ムチムチ
社長《しゃちょう》ベイビーとは
仲《なか》が悪《わる》くて
いつもぶつかり
あってるのだ!

ジンボ

歩《ある》くとズシッズシッと音《おと》がするほど、超《ちょう》巨大《きょだい》で怪力《かいりき》の赤《あか》ちゃん。チーム・ボスの一員《いちいん》なんだ。ふわふわしたモノが好《す》き♪

テッド&《アンド》ジャニス
（パパ）（ママ）

ティムのパパとママ。世界最大《せかいさいだい》のペット会《がい》社《しゃ》・ワンワン株式会社《かぶしきがいしゃ》に勤務《きんむ》している。明《あか》るくて優《やさ》しいけど、たまにカミナリも!

三《み》つ子《ご》たち

チーム・ボスのメンバー。ベイビー社《しゃ》に待機《たいき》していることが多《おお》い。大事《だいじ》な情報《じょうほう》をすばやくボスに知《し》らせるよ!

ステイシー

いろいろな道具《どうぐ》を自分《じぶん》で作《つく》っちゃう、手《て》先《さき》の器用《きよう》な女《おんな》の子《こ》。ボスの指示《しじ》をてきぱきとこなす、チーム・ボスの要《かなめ》なんだ!

超暴《ちょうあば》れんぼうの赤《あか》ちゃんに、
なんだかあやしい大人《おとな》たち…!!
目《め》が離《はな》せないよ!!

And《アンド》 more《モア》!
まだまだいるよ!

マーシャ・クリンクル

ネコ好《ず》きの獣医師《じゅういし》

スクーター・バスキー

ボス・ベイビー

〜ビジネスは赤ちゃんにおまかせ！〜

佐藤 結／著

★小学館ジュニア文庫★

CONTENTS

もくじ

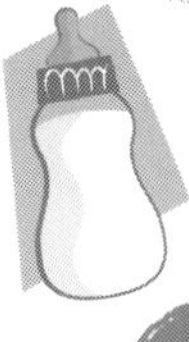

第《だい》1話《わ》

こまった スクーターくん

ここは、地球《ちきゅう》から遠《とお》く離《はな》れたとある惑星《わくせい》——地球《ちきゅう》の生《い》きものはとても住《す》めそうにない、荒《あ》れはてた星《ほし》だ。

「うーん、うーん」

その星《ほし》の鉄格子《てつごうし》の牢《ろう》にとらわれているのは、宇宙飛行士《うちゅうひこうし》のティム。ティムは、手《て》につながれた鎖《くさり》を力《ちから》いっぱい引《ひ》っ張《ぱ》っている。でも、牢《ろう》の鎖《くさり》は頑丈《がんじょう》だから、びくともしない。

ティムは宇宙《うちゅう》をパトロール中《ちゅう》に、タコチュウミュータントと呼《よ》ばれるタコ型宇宙人《がたうちゅうじん》につかまったのだ。やつらは、水《みず》がたっぷりあって住《す》みやすい星《ほし》を探《さが》していた。そして、ついに条件《じょうけん》にぴったり合《あ》う星《ほし》をみつけてしまった。それが、地球《ちきゅう》。

パトロール中《ちゅう》の宇宙船《うちゅうせん》を攻撃《こうげき》してティムをとらえ、地球《ちきゅう》を明《あ》けわたすよう脅《おど》すが、地球《ちきゅう》を愛《あい》する正義《せいぎ》の宇宙飛行士《うちゅうひこうし》ティムが、簡単《かんたん》にタコチュウミュータントに屈《くっ》するわけがない。

2匹《ひき》の部下《ぶか》を従《したが》えた敵《てき》のボスが、鉄格子《てつごうし》の向《む》こうから、ぎょろりと光《ひか》る三《みっ》つの目《め》でこっちを見《み》つめている。全身《ぜんしん》が緑色《みどりいろ》、頭《あたま》には小《ちい》さな王冠《おうかん》、そして三《み》つ目《め》の下《した》からはワカメに似《に》たひげのようなものが生《は》えている。どうやらそれが口《くち》らしい。

「口《くち》を割《わ》らせようったって無駄《むだ》だ。お前《まえ》みたいな、ほら穴《あな》で威張《いば》ってるだけのタコチュウミュータントに地球《ちきゅう》は渡《わた》さない！」

「○△×■●▽×◇」

タコチュウボスは眉《まゆ》をつりあげて、何《なに》かわめいた。どうやら怒《おこ》っているらしいけど、早《はや》送《おく》りした動画《どうが》の音声《おんせい》みたいで、よく聞《き》きとれない。

タコチュウボスが吸盤《きゅうばん》のついた手《て》をパンパンと叩《たた》くと、鉄格子《てつごうし》がするすると開《あ》いた。

すると、まるまる太《ふと》った部下《ぶか》たちが、ふたのついた皿《さら》をティムの目《め》の前《まえ》に運《はこ》んできた。

「ふん！　なんでもこい、だ。この銀河系《ぎんがけい》には、ぼくが怖《こわ》いものなんかない！」

ティムは威勢《いせい》よく言《い》い放《はな》ったけど、やつらが皿《さら》のふたをぱかっと開《あ》けると、ショックで体《からだ》が固《かた》まってしまった。だって、皿《さら》にはティムが大《だい》っ嫌《きら》いな、さやいんげんにそっくりで緑色《みどりいろ》の長《なが》い芋虫《いもむし》が、何十匹《なんじっぴき》もウネウネしていたのだから！　しかも、先《さき》に口《くち》がついていて、ギザギザした歯《は》まである。

「……っ！　何《なに》そのゲロっぽいの、キモッッ!!」

突然《とつぜん》、ニョロニョロした緑《みどり》の芋虫《いもむし》が、ギザギザの歯《は》をむいてティムに襲《おそ》いかかってきた。

うわぁぁぁぁぁ〰〰〰〰〰〰！

「ティム、大声出《おおごえだ》さないの。食《た》べても死《し》なないわ」

ママがテーブルの上《うえ》に山盛《やまも》りのさやいんげんがのった皿《さら》をトンと置《お》いた。

想像《そうぞう》ごっこは、ここで終《お》わり。

彼《かれ》の名前《なまえ》は、ティモシー・レズリー・テンプルトン。家族思《かぞくおも》いで心《こころ》やさしい、空想好《くうそうず》きな七歳《ななさい》の少年《しょうねん》だ。ママ、パパ、それにまだ赤《あか》ちゃんの弟《おとうと》の四人家族《よにんかぞく》。そして、ここはテンプルトン家《け》のキッチン。今日《きょう》は休日《きゅうじつ》、ランチの時間《じかん》だ。

メニューは、ゆでたさやいんげん。味《あじ》も青臭《あおくさ》い臭《にお》いも、それに形《かたち》は、想像《そうぞう》ごっこに出《で》てきた緑色《みどりいろ》の芋虫《いもむし》みたい。ティムにとっては悪夢《あくむ》の食《た》べもの。ぜーったいに食《た》べたくない！

ティムはうんざりした顔《かお》で目《め》の前《まえ》の皿《さら》を見《み》つめる。ゲロが出《で》そうで、スプーンを持《も》つ気《き》がしない。テーブルの向《む》かいには、ベビーチェアに座《すわ》った弟《おとうと》がおとなしく食事《しょくじ》している。赤《あか》ちゃんなのに、なぜか黒《くろ》いスーツに黒《くろ》いネクタイという、仕事《しごと》ができるビジネスマンみたいなかっこうをしているけど、これが弟《おとうと》のいつもの姿《すがた》。そして、さっきからつぶしたさやいんげんに夢中《むちゅう》だ。

「弟《おとうと》はよく食《た》べてるぞ」

パパが、まったく手《て》をつけていないティムに向《む》かって、ちょっと厳《きび》しい声《こえ》で注意《ちゅうい》した。

それから、弟《おとうと》の方《ほう》を向《む》くと、

「それ、好《す》きだろ？」

やさしい声《こえ》で弟《おとうと》に声《こえ》をかけた。

弟《おとうと》は、両手《りょうて》で皿《さら》の上《うえ》のさやいんげんをぐちゃぐちゃにして、口《くち》の中《なか》に突《つ》っ込《こ》み、口《くち》の周《まわ》りをベタベタにしたまま、ニッコリ。

「あぁ〜、そうかそうか。さやいんげんはうまいよなぁ〜？」

その食《た》べっぷりと、ニッコリ愛《あい》らしい笑顔《えがお》に、パパもつられてニッコリだ。

でも、ティムにはママの厳《きび》しい声《こえ》が飛《と》んでくる。

「全部《ぜんぶ》食《た》べてよ。午後《ごご》はず〜っと遊《あそ》んでいいからね。でもその前《まえ》に、お皿《さら》を空《から》にして」

ママの命令《めいれい》は、絶対《ぜったい》なんだ。誰《だれ》も逆《さか》らうことはできない。

「あぁぁ〜〜〜〜」

ティムはがっくりして椅子《いす》の背《せ》にもたれかかり、そのままズルズルッとテーブルの下《した》にもぐりこみそうになった。やっぱり、食《た》べなきゃダメかぁ……。

「ティム、がんばれ」

パパは浮《う》かない顔《かお》のティムにエールを送《おく》ったあと、くるりと弟《おとうと》の方《ほう》を向《む》いて、

「お前《まえ》はまだ赤《あか》ちゃんなのに偉《えら》いよ〜」

そう言《い》うと、ママと一緒《いっしょ》に部屋《へや》を出《で》ていった。

「……テンプルトンの夫婦《ふうふ》ときたら……。親《おや》なんか、軽《かる》くあしらえよ。チョロイだろ？」

ママとパパがいなくなったとたん、ナプキンで口元《くちもと》を上手《じょうず》にふきながら、弟《おとうと》が言《い》った。

それも、いかにもビジネスマン風《ふう》の声《こえ》で。お目々《めめ》ぱっちりのかわいらしい赤《あか》ちゃん顔《がお》なのに、その声《こえ》はベテラン俳優《はいゆう》のように渋《しぶ》くてクールな口《くち》ぶりだ。

それもそのはず、ティムの弟《おとうと》は普通《ふつう》の赤《あか》ちゃんじゃない。「ベイビー株式会社《かぶしきがいしゃ》」に勤《つと》めている、すご腕《うで》ビジネスマン〝ボス・ベイビー〟なんだ。赤《あか》ちゃんなのに、会社《かいしゃ》に勤《つと》めているのはなぜかって？ それは、彼《かれ》が「選《えら》ばれた」赤《あか》ちゃんだから。選《えら》ばれた赤《あか》ちゃんは、

スーパーミルクを飲《の》むことで、体《からだ》は赤《あか》ちゃんのままだけど、中身《なかみ》は大人《おとな》と同《おな》じになって、ちゃんと仕事《しごと》ができるってわけ。

ボスはテンプルトン家《け》にやってきて以来《いらい》、ベイビー社《しゃ》のビジネスを陰《かげ》で進《すす》めている。でもそのことを知《し》っているのはティムだけ。ママもパパもまったく気《き》づいていないんだ。

「君《きみ》はいいよね。さやいんげんが好《す》きだから」

ティムは口《くち》をとがらせ、面白《おもしろ》くなさそうに言《い》った。弟《おとうと》はベビーチェアからテーブルの上《うえ》にひょいと飛《と》び乗《の》った。それから、回転式《かいてんしき》のスパイスラックから塩《しお》を取《と》ると、器用《きよう》な手《て》つきでドロドロのさやいんげんに振《ふ》りかけた。そして、ずずーっと赤《あか》ちゃん用《よう》スプーンでさやいんげんを口《くち》へ流《なが》しこみ、うなった。

「う〜ん。食物繊維《しょくもつせんい》たっぷり。このなめらかで青々《あおあお》しい風味《ふうみ》がたまらない」

「じゃあさ、ぼくのも食《た》べれば？」

さやいんげん好《ず》きな弟《おとうと》に、うまくすれば自分《じぶん》の分《ぶん》も食《た》べてもらえるかもと、ティムは期待《きたい》を込《こ》めて提案《ていあん》した。

「う〜ん、そうだな。……うん、うまい豆《まめ》だった」

弟《おとうと》はティムをじらすように言《い》ってから、自分《じぶん》の席《せき》に戻《もど》った。

ティムは回転式《かいてんしき》スパイスラックに自分《じぶん》の皿《さら》をのせると、「さぁ、どうぞ」とばかりにぐるりと回《まわ》して、ボスの方《ほう》に向《む》けた。皿《さら》をちらっと見《み》ながら、ボスは試《ため》すように目《め》を細《ほそ》めた。スプーンを前後《ぜんご》にふりながら、「それなら、見返《みかえ》りをくれ」と、一言《ひとこと》。

「なんだって!?」

予想外《よそうがい》の言葉《ことば》に、ティムは思《おも》わず大声《おおごえ》に。その声《こえ》が隣《となり》の部屋《へや》にも聞《き》こえたらしい。

「そっちは大丈夫《だいじょうぶ》かい？」

ドアの向《む》こうからパパが声《こえ》をかけてきた。

「うん！　大丈夫《だいじょうぶ》！」

「アハッ、キャキャキャキャ」

ティムはあわてて答《こた》え、弟《おとうと》も赤《あか》ちゃんの声《こえ》を出《だ》してごまかす。でも、すぐにビジネスマンの顔《かお》に戻《もど》り、

「食《た》べてやってもいいけど、まさかタダ!?　えー、ビジネスルールはどこいったんだ？　焼《や》けてなくなったのか？」

テーブルの上《うえ》のスパイスラックを勢《いきお》いよく回転《かいてん》させた。

ぐるぐるぐるぐる――さやいんげんの皿《さら》は高速回転《こうそくかいてん》して、ティムの目《め》の前《まえ》にぴたっと戻《もど》ってきた。

「これはビジネスなんかじゃないよ。家族《かぞく》なんだから助《たす》けあおう」

ティムはなんとか食《た》べてもらおうと、もう一度回転《いちどかいてん》ラックを回《まわ》すと、ボスが足《あし》でラックをぐっと踏《ふ》んで止《と》めた。

「俺《おれ》は、たちゅけあおうってガラじゃない。ここは資本主義《しほんしゅぎ》。全部《ぜんぶ》、ビジネスだ」

回転《かいてん》ラックに乗《の》ってぐるぐる回《まわ》りながら、ボスがビジネスルールについて語《かた》りだした。

「だから、ギブ&《アンド》テイク。つまり、俺《おれ》に頼《たの》むならお返《かえ》しをくれ。さやいんげんは食《た》べる。ひとつ貸《か》しだ。返《かえ》す方法《ほうほう》？　それはまた今度話《こんどはな》そう。でも、覚《おぼ》えとけ。借《か》りは、返《かえ》さないといけない」

いやはやこの押《お》しの強《つよ》さといったら。さすが、敏腕《びんわん》ビジネスマン。この取引《とりひき》は弟《おとうと》の勝《か》ち。

あ〜あ、さやいんげん一皿《ひとさら》で、ティムは弟《おとうと》のいうことを聞《き》くことになっちゃった。

「……わかった。食《た》べて」

悔《くや》しそうに椅子《いす》から立《た》ちあがり、ティムは弟《おとうと》のところまでお皿《さら》を運《はこ》んだ。お返《かえ》しをする約束《やくそく》をしたからには、食《た》べてくれるはず。でも、弟《おとうと》はまだ納得《なっとく》していない様子《ようす》だ。こわい目《め》でティムをにらんでいる。

「今度《こんど》は何《なに》!?」

「俺《おれ》のノドを詰《つ》まらせて殺《ころ》す気《き》か!? つぶしてくれないと、食《く》えない」

「お皿《さら》を片付《かたづ》けてもいい？」

隣《となり》の部屋《へや》からママの声《こえ》がする。

「もうちょっと待《ま》って！」

ティムは弟《おとうと》の赤《あか》ちゃん用《よう》スプーンを使《つか》って、大急《おおいそ》ぎでさやいんげんをつぶしにかかった。

「クッキー買《か》ってあるのよ～。食後《しょくご》のおやつ～」

だんだんとママの声《こえ》が近《ちか》づいてくる。ティムはものすごい勢《いきお》いでスプーンを動《うご》かした。

「しっかりつぶせ！ ドロドロにすれば夜《よる》までにオムツに出《だ》せるからな」

目《め》の前《まえ》で弟《おとうと》がティムに、気合《きあい》を入《い》れてくる。

「よ〜し、クッキーヘリが飛《と》んでいくぞ〜」

今度《こんど》はパパの声《こえ》。やばい！　もうすぐキッチンに入《はい》ってくる勢《いきお》いだ。

ティムの動《うご》きがさらに早《はや》くなり、ついには両手《りょうて》を使《つか》ってつぶしだした。

どろどろになったさやいんげんの汁《しる》がボスの顔《かお》に飛《と》び散《ち》る。

ティムはそれでもかまわず手《て》を早《はや》める。

早《はや》くしなくちゃ、ママとパパが入《はい》ってくる前《まえ》に!!

「うわーわーわー」

「つぶせー！　会社《かいしゃ》をつぶすように。わははは……よし！」

弟《おとうと》の合図《あいず》で、ティムがどろどろになったさやいんげんを弟《おとうと》の皿《さら》にサッと移《うつ》す。弟《おとうと》は、目《め》にもとまらぬ速《はや》さで口《くち》にかきこんだ。やったぞ、兄弟《きょうだい》の見事《みごと》な連係《れんけい》プレーが成功《せいこう》！

その瞬間《しゅんかん》、ドアが開《あ》いて、ママと、クッキーのお皿《さら》を持《も》ったパパが入《はい》ってきた。

「まぁ〜、二人《ふたり》ともお顔《かお》を見《み》せて」

二人《ふたり》は同時《どうじ》にお皿《さら》を置《お》いて顔《かお》を上《あ》げた。

ティムは親指《おやゆび》を立《た》て「やったー」のサイン、弟《おとうと》はニコニコしながら手《て》をパチパチした。

「赤《あか》ちゃんと遊《あそ》ぶね。心配《しんぱい》いらないから。ママ、大好《だいす》き！　じゃあねー！」

うまく切《き》り抜《ぬ》けた二人《ふたり》は大急《おおいそ》ぎで二階《にかい》の子《こ》ども部屋《べや》に行《い》き、階下《かいか》に向《む》かって叫《さけ》ぶと、バタンと部屋《へや》のドアを閉《し》めた。

「ほっ！　うまくごまかしたな。おかげでオフィスへ行《い》けるよ」

それまでハイハイしていた弟《おとうと》はぴょんと跳《は》ねて立《た》ち上《あ》がり、慣《な》れた手《て》つきでクローゼットを開《あ》け、中《なか》に入《はい》った。

「今《いま》ので、借《か》りは返《かえ》せたの？」

「はははははは。お前《まえ》、ビジネスをなんにもわかってないな。ははは」

弟《おとうと》はクローゼットの中《なか》の金庫《きんこ》を開《あ》けて、おもちゃの木琴《もっきん》を取《と》り出《だ》し、ティムの顔《かお》を見上《みあ》げた。そして、ふと何《なに》かを思《おも》いついたのか、突然《とつぜん》、こう誘《さそ》ってきた。

「あー……そうだ！　俺《おれ》と一緒《いっしょ》にオフィスに来《こ》い」

「はぁ？　なんで？」

「家族《かぞく》だからに決《き》まってるじゃないか。兄《あに》がビジネスを知《し》らないようでは、身内《みうち》の恥《はじ》だろ」

えー！　そんなこと言《い》ったって、ぼくはまだ七歳《ななさい》なんだから、ビジネスなんてわかるはずないじゃないか。ティムはそうも言《い》いたくなったけど、グッと言葉《ことば》をのみこんだ。

おもちゃの木琴《もっきん》を部屋《へや》の真《ま》ん中《なか》に置《お》くと、弟《おとうと》はばちを取《と》り出《だ》し、鍵盤《けんばん》をたたく。

ポロポロリン……。

すると鍵盤《けんばん》の部分《ぶぶん》がパッと開《あ》いた。中《なか》にはおしゃぶりが五《いつ》つ、きれいにそろえて並《なら》べてある。弟《おとうと》はそのひとつを取《と》り出《だ》して、ティムに差《さ》し出《だ》した。実《じつ》はこのおしゃぶりは、弟《おとうと》の会社《かいしゃ》「ベイビー株式会社《かぶしきがいしゃ》」に行《い》くための転送《てんそう》アイテムなのだ。

「楽《たの》しいぞ。保証《ほしょう》する」

「楽《たの》しいなら、行《い》く。休憩室《きゅうけいしつ》のクッキーって食《た》べ放題《ほうだい》？」

さっきもらったクッキーを食《た》べながらティムが聞《き》くと、弟《おとうと》はあきれたように言《い》った。

「クッキーなら、今《いま》も食《た》べてるだろ？」

「ぼくは子《こ》どもなの！」

「あるさ、クッキーはオフィスの休憩室《きゅうけいしつ》にある」

弟《おとうと》はティムをなだめるように言《い》ってから、ふたたび転送用《てんそうよう》おしゃぶりを差《さ》し出《だ》した。

「アップグレードしたバブチュートランスポーターを使《つか》え」

「使《つか》い方《かた》を教《おし》えて」

「いいぞ。チュッチュしろ」

自分《じぶん》のおしゃぶりを取《と》り出《だ》してから、弟《おとうと》が命《めい》じた。

「チュッチュしろ⁉」

七歳《ななさい》にもなって、おしゃぶりなんてくわえられない！　というティムの反応《はんのう》に、弟《おとうと》は眉《まゆ》を上《あ》げてティムをにらんだ。いちいちうるさい、言《い》うとおりにしろ、とでも言《い》いたげに。

……あぁ～……。

恥《は》ずかしいけど、弟《おとうと》の言《い》うとおりにするしかない。ティムは質問《しつもん》をやめて、おしゃぶりをくわえた。

チュッチュッチュッチュッチュッ……。

すると、おしゃぶりの持《も》ち手《て》の部分《ぶぶん》がピカピカ光《ひか》りだし、二人《ふたり》の姿《すがた》がスッと部屋《へや》から消《き》えた。

次《つぎ》の瞬間《しゅんかん》、二人《ふたり》はエレベーターのような形《かたち》をしたボックスの中《なか》にいた。ボックスの透明《とうめい》なドアがすーっと開《あ》くと、そこはベイビー社《しゃ》のオフィス。

ボスは、転送用《てんそうよう》おしゃぶりをすぽんと口《くち》から抜《ぬ》くと、すぐにビジネスマンの顔《かお》つきになった。

「着《つ》いたぞー。ベイビー株式会社《かぶしきがいしゃ》だ。仕事《しごと》にかかろう！」

オフィスのフロアは真《ま》っ白《しろ》で、ピカピカに磨《みが》かれていた。赤《あか》ちゃんの姿《すがた》をした従業員《じゅうぎょういん》たちが、テキパキと忙《いそが》しそうにオフィス内《ない》を行《い》ったり来《き》たりしている。書類《しょるい》がいっぱい入《はい》った荷物《にもつ》カートを押《お》している赤《あか》ちゃんが、ボスに向《む》かって「おはよう」とあいさつしてきた。半《はん》そでシャツにフレアスカート姿《すがた》の赤《あか》ちゃんは何《なに》かの図面《ずめん》をじっと見《み》ている。クマのぬいぐるみを抱《かか》えたグレーのスーツ姿《すがた》の赤《あか》ちゃん、哺乳瓶《ほにゅうびん》をちゅぱちゅぱしたり、哺乳瓶《ほにゅうびん》を持《も》ったまま「うえーん」と大泣《おおな》きしている赤《あか》ちゃんもいる。

そう、ここがベイビー株式会社《かぶしきがいしゃ》。従業員《じゅうぎょういん》は全員赤《ぜんいんあか》ちゃんなんだって。

「よう、家族持《かぞくも》ち！」

「は〜い、BB《ビービー》」

すれ違《ちが》う赤《あか》ちゃんたちが、ティムの先《さき》を歩《ある》くボスに、つぎつぎと声《こえ》をかける。

「ボス・ベイビー、現地報告《げんちほうこく》はまだかい？」

「金曜《きんよう》までに出《だ》すよ」

「お！　頼《たの》もしい」

ボスは自信《じしん》たっぷりで、どの赤《あか》ちゃんもボスに一目置《いちもくお》いているようだ。

「そういうんじゃない。成功《せいこう》のオーラが出《で》てるからだ」

「人気者《にんきもの》なんだね」

ティムはすっかり感心《かんしん》してしまったが、ボスはあんまりうれしそうじゃない。みんなが注目《ちゅうもく》してくれるのは、仕事《しごと》がうまくいっているから。もし、失敗《しっぱい》ばかりしていれば、誰《だれ》も声《こえ》なんかかけてはくれない。そんなに甘《あま》くはない。それが仕事《しごと》ってものらしい。

「なぁ、テンプルトン。俺《おれ》の仕事《しごと》がわかるかな？」

「赤《あか》ちゃんを作《つく》ってるとか？」

「あ〜、違《ちが》う。それは下《した》の工場《こうじょう》の仕事《しごと》だ」

二人《ふたり》の目《め》の前《まえ》にあるコンピュータのモニター画面《がめん》には、地下工場《ちかこうじょう》で赤《あか》ちゃんが作《つく》られている様子《ようす》が映《うつ》っている。ずらりと並《なら》んだ赤《あか》ちゃんがおしゃぶりをくわえていたり、楽《たの》しそうに遊《あそ》んだりしている。

オフィス正面《しょうめん》の壁《かべ》いっぱいに巨大《きょだい》なスクリーンがあって、そこにはハート形《がた》のグラフが映《うつ》しだされていた。どうやら、赤《あか》ちゃん、ネコ、イヌ、トリ、サカナなどが、それぞれ、どれだけ人間《にんげん》に愛《あい》されているかを表《あらわ》しているみたいだ。

「赤《あか》ちゃんが愛《あい》される世界《せかい》にするのが俺《おれ》の仕事《しごと》だ。ワンコやニャンコなんか目《め》じゃない。赤《あか》ん坊《ぼう》はそういうやつらの十倍《じゅうばい》も愛《あい》されてるんだ。どうしてか、わかるか？」

「さぁ？　それより遊《あそ》んでクッキー食《た》べたい」

「ダメ。まぁ聞《き》け。これから答《こた》えを教《おし》えてやろう。すべては、ビジネスだ。わが『ベイビー社《しゃ》』は、世界《せかい》が必要《ひつよう》としているかわいさを提供《ていきょう》し、代《か》わりに世界《せかい》から見返《みかえ》りを受《う》け取《と》っている。あふれんばかりの愛《あい》を、な」

「へぇ〜、ビジネスの天才《てんさい》だね。キミが社長《しゃちょう》になればいいのに」

この言葉《ことば》がボスの痛《いた》いところを突《つ》いたみたいで、さっきまで自信《じしん》たっぷりだったボスだけど、ちょっと落《お》ち込《こ》んでしまった。

「それな。毎日自分《まいにちじぶん》で言《い》ってる」

と、そのとき——。

「よぉ〜、ボス・ベイビー！」

一台《いちだい》のベビー歩行器《ほこうき》が、猛《もう》スピードでやってきた。乗《の》っているのは、まるまると太《ふと》った男《おとこ》の赤《あか》ちゃん。頭《あたま》の毛《け》がツンツン立《た》っていて、紺色《こんいろ》の上着《うわぎ》の下《した》にピンクのチェック柄《がら》のシャツを着《き》ている。

「メガ・ムチムチ社長《しゃちょう》ベイビーだ……」

ボスはうつむいて顔《かお》をしかめたけど、すぐにふり返《かえ》ると愛《あい》そうよく、

「おはようございます、社長《しゃちょう》！」

と、明《あか》るい声《こえ》であいさつをした。すると社長《しゃちょう》は、

「業績《ぎょうせき》ナンバーワンは、もちろんお前《まえ》だよな。ハイタッチ！　やっぱやめ〜。俺《おれ》、偉《えら》いし

忙《いそが》しい」

嫌《いや》みっぽくそう言《い》うと、歩行器《ほこうき》についてるボタンを、ピコピコたたいた。ボスは冷静《れいせい》に言葉《ことば》を社長《しゃちょう》に返《かえ》す。

「そうですか。じゃ、失礼《しつれい》します」

「おい、ちょっと待《ま》てー。なんで俺《おれ》は忙《いそが》しいと思《おも》う？」

「さぁ」

「どうして？」

横《よこ》からティムも聞《き》いてみた。

「現地《げんち》でな、問題《もんだい》が発生《はっせい》してるんだよ。それがなんと、お前《まえ》の管轄《かんかつ》。お前《まえ》って全然《ぜんぜん》ダメだよな」

「おい！　ぼくの弟《おとうと》は超優秀《ちょうゆうしゅう》なんだぞ」

社長《しゃちょう》ベイビーのさらに意地悪《いじわる》な言《い》い方《かた》にムカついたティムは、社長《しゃちょう》ベイビーに食《く》ってかかる。でも、社長《しゃちょう》ベイビーはティムをチラ見《み》しただけで、ボスに聞《き》いた。

「は！　お〜、そうだった。お前《まえ》、家族持《かぞくも》ちになったんだったよな。そっちの方《ほう》はどう？」

「ははははは。そりゃもう、最高《さいこう》です」

「あ、そう」

そう言《い》うなり、歩行器《ほこうき》の中《なか》で上半身《じょうはんしん》を思《おも》いっきりエビぞりにした。

「このポーズわかる？　どうでもいい、って意味《いみ》だ。老《ふ》けたベイビーをオフィスに連《つ》れてくるとは、まったく、軟弱《なんじゃく》でプロらしくないが、どうでもいい」

「プロらしさは別《べつ》として、老《ふ》けたベイビーは私《わたし》の能力《のうりょく》を高評価《こうひょうか》しています」

「老《ふ》けたベイビーって呼《よ》ばないで！」

〝老《ふ》けた〟だなんてひどすぎる、まだ七歳《ななさい》なのに！　とティムはむきになった。でも、ボスはティムに目《め》もくれず、クールなビジネスマンらしく社長《しゃちょう》ベイビーに説明《せつめい》を始《はじ》めた。

「地球上《ちきゅうじょう》の愛情《あいじょう》が見《み》えるこのスクリーン上《じょう》では、赤《あか》ん坊《ぼう》はいちばん愛《あい》されてますよ」

「たしかに。しかしだ」

そして、社長《しゃちょう》ベイビーは、斜《なな》め後《うし》ろにいる秘書《ひしょ》に命令《めいれい》した。

「マグナス、ズームアップしてくれ」

「かしこまりました、社長《しゃちょう》。それでは、ズームをアーップ！」

秘書《ひしょ》のマグナスが、巨大《きょだい》スクリーンに向《む》かってはきはきした声《こえ》で叫《さけ》ぶと、スクリーンの画面《がめん》が変《か》わった。どこかの地図《ちず》のようだ。

社長《しゃちょう》ベイビーがさらにズームを命令《めいれい》すると、地図《ちず》が大《おお》きくなって、郊外《こうがい》の住宅地《じゅうたくち》らしき場所《ばしょ》が現《あらわ》れた。一軒一軒《いっけんいっけん》の家《いえ》の上《うえ》に、オレンジ色《いろ》のワッペンのようなしるしがついていて、怒《おこ》った顔《かお》が描《か》いてある。

「ほらな、これ見《み》ろよ。これはお前《まえ》が管轄《かんかつ》する街《まち》だ。ご近所一帯《きんじょいったい》がみんな赤《あか》ん坊《ぼう》を嫌《きら》ってる。赤《あか》ん坊《ぼう》に我慢《がまん》できていない」

社長《しゃちょう》ベイビーが言《い》うとおり、家《いえ》の上《うえ》にオレンジ色《いろ》の怒《いか》りマークがどんどん増《ふ》えていく。

さっきからクールにかまえていたボスの表情《ひょうじょう》が硬《かた》くなった。

「嫌《きら》ってるとは、なんでです？　子《こ》ワンコの方《ほう》が人気《にんき》？」

「違《ちが》う。悪《わる》い子《こ》のせいだ。スクーター・バスキーって名前《なまえ》で、とにかく最悪《さいあく》の赤《あか》ん坊《ぼう》」

画面《がめん》が変《か》わって、今度《こんど》は金髪《きんぱつ》で青《あお》い目《め》の二歳《にさい》の男《おとこ》の子《こ》の顔写真《かおじゃしん》が現《あらわ》れた。そんなに悪《わる》い子《こ》には見《み》えないけど……どうやら、これが〝最悪《さいあく》の赤《あか》ん坊《ぼう》〟スクーター・バスキーのようだ。まるで、犯人《はんにん》の手配写真《てはいしゃしん》みたい。

実際《じっさい》、スクーター・バスキーは手《て》のつけられない悪《わる》い子《こ》だった。ところかまわず、落書《らくが》きをするわ、庭《にわ》をめちゃめちゃにするわで、近所《きんじょ》の人《ひと》たちは困《こま》り果《は》てている。そのいたずらぶりはこんな風《ふう》──。

「ん？ ……スクーター・バスキー!!」

隣《となり》の家《いえ》の白《しろ》い塀《へい》に落書《らくが》きをしていたスクーターを見《み》て、思《おも》わず声《こえ》をあげた住人《じゅうにん》のおじさんに、スクーターはクレヨンを思《おも》いっきり強《つよ》く投《な》げつけた。

別《べつ》の家《いえ》の庭先《にわさき》に置《お》いてある小人《こびと》の置物《おきもの》を、スクーターは頭突《ずつ》きをして割《わ》ってしまった。

窓《まど》からそれを見《み》たおばさんが叫《さけ》ぶ。

「スクーター・バスキーったら!!」

それだけじゃない。

ある日《ひ》は、外《そと》でオムツを脱《ぬ》いで振《ふ》り回《まわ》し、近所《きんじょ》の家《いえ》の庭《にわ》に放《ほう》り投《な》げた。

それを見《み》て、玄関先《げんかんさき》で新聞《しんぶん》を読《よ》んでいた隣《となり》のおじさんも、散歩《さんぽ》しているカップルも、思《おも》わず叫《さけ》んだ。

「スクーター・バスキー!!」

食事中《しょくじちゅう》も、スクーターの暴《あば》れん坊《ぼう》ぶりは止《と》まらない。食《た》べものをお皿《さら》ごと放《ほう》り投《な》げるなんて、いつものことだ。スクーターのママは、よくこう叫《さけ》んでいる。

「スクーター、やめて！」

夜《よる》だって容赦《ようしゃ》ない。大声《おおごえ》で泣《な》き叫《さけ》ぶスクーターに、ご近所《きんじょ》はもうガマンの限界《げんかい》だった。

「頼《たの》むから黙《だま》らせてくれ！」


この様子《ようす》をオフィスで見《み》ていた四人《よにん》は、あまりの悪《わる》い子《こ》ぶりに、目《め》を真《ま》ん丸《まる》にして黙《だま》ってしまった。

「あの子《こ》はいったい、どうしたんだ？」

難《むずか》しい仕事《しごと》に慣《な》れているはずのボスでさえも、あきれたようにつぶやいた。

「ご近所中《きんじょじゅう》があの子《こ》を嫌《きら》ってる。それがビジネスに響《ひび》いてるんだ」

社長《しゃちょう》ベイビーも、うんざりした顔《かお》でつぶやいた。でも、ティムだけは違《ちが》った。いたずらばかりして、みんなに嫌《きら》われているスクーターが気《き》の毒《どく》になってしまったんだ。

「あ〜、かわいそうな子《こ》だね。助《たす》けなきゃ」

「お〜、これはまた、なんとお優《やさ》しいこと」

社長《しゃちょう》ベイビーが嫌《いや》みったらしく言《い》うと、ボスはすぐさま、きっぱりといった。

「スクーター・バスキーの件《けん》は、このわたくしにお任《まか》せを」

「あ、そう。できなきゃ、この件《けん》は重役《じゅうやく》たちに報告《ほうこく》するからな。取締役会《とりしまりやくかい》で。そしたら、お前《まえ》はクビ。そういうことで。わかったか？」

「は……」

社長《しゃちょう》ベイビーは耳《みみ》に手《て》をあてて、ボスの次《つぎ》の言葉《ことば》を待《ま》っている。ボスはしぶしぶ、一言《ひとこと》つけ加《くわ》えた。

「……はい、社長《しゃちょう》」

満足《まんぞく》した社長《しゃちょう》ベイビーは、ニンマリ。

「じゃあ、これからオムツを満《み》たす。お前《まえ》の目《め》をじーっと見《み》て」

そして、プッと音《おと》をたててウンチをした。

「ん……出《で》た！　ほら、臭《くせ》え！　愛《あい》してるぜ、BB《ビービー》。なーんてウソ！」

捨《す》てゼリフを残《のこ》して、社長《しゃちょう》ベイビーは来《き》たときと同《おな》じく突風《とっぷう》のように、ひゅーんと歩行器《ほこうき》で走《はし》り去《さ》っていった。


「ぼくたち、秘密《ひみつ》の任務《にんむ》につくの？　すごい、これって超楽《ちょうたの》しいね。けど、その前《まえ》にクッキー食《た》べたい」

「あとだ。スクーター・バスキーの問題《もんだい》を解決《かいけつ》しないと。対策《たいさく》チームを召喚《しょうかん》しよう」

ティムの言葉《ことば》をさえぎって、ボスは部下《ぶか》たちを集《あつ》めるために、おもちゃの電話《でんわ》をかけた。

ジリリリリリリ
最初《さいしょ》にかけたのは、筋肉《きんにく》モリモリ、ジンボ。オムツ姿《すがた》のビッグな力持《ちからも》ち赤《あか》ちゃん。

次《つぎ》にかけたのは、ワイルドで切《き》れ味鋭《あじするど》いステイシー。おもちゃ作《づく》りが得意《とくい》な女《おんな》の赤《あか》ちゃんで、髪《かみ》を頭《あたま》のてっぺんで結《ゆ》わえている。

最後《さいご》は三《み》つ子《ご》。それぞれ、緑《みどり》、青《あお》、黄色《きいろ》のつなぎ服《ふく》を着《き》て、電話《でんわ》を誰《だれ》が取《と》るかでもめている。でも……こいつら、たいていオフィスで待機《たいき》なのだ。

ティム、ボス、ジンボ、ステイシーの四人《よにん》は、さっそくバスキー家《け》の張《は》り込《こ》みを始《はじ》めた。

庭先《にわさき》の生垣《いけがき》から顔《かお》だけ出《だ》して、こっそり家《いえ》を見張《みは》っていると、

ガンガンガンガンガン！


金属《きんぞく》を叩《たた》く大《おお》きな音《おと》が、あたりに響《ひび》いた。いったい、なんだ!?

ボスが手《て》にした双眼鏡《そうがんきょう》でのぞくと、スクーターが玄関《げんかん》の前《まえ》でドライバーを持《も》って、金属《きんぞく》のごみ箱《ばこ》のふたを力《ちから》まかせに叩《たた》いている！

近所《きんじょ》の新聞《しんぶん》を読《よ》んでいたおじさんも、新婚《しんこん》カップルも、あまりのうるささに耳《みみ》をふさぐ。

隣《となり》のおじさんは腹立《はらだ》たしそうに顔《かお》をしかめて、窓《まど》のカーテンを閉《し》めた。


ガンガンガンガン！


スクーターはまだ叩《たた》き続《つづ》けている。バスキー家《け》のドアが開《あ》いて、中《なか》からスクーターのママが出《で》てきた。

「ここにいたのね。あなた、この子《こ》、また外《そと》にいたわ」

「みなさん、すみません。息子《むすこ》はときどき勝手《かって》に出《で》るもので……ははは」

ママはあわててスクーターを抱《だ》き上《あ》げると、パパが申《もう》し訳《わけ》なさそうにご近所《きんじょ》に謝《あやま》り、さっと家《いえ》の中《なか》に引《ひ》っこんだ。……これは、大変《たいへん》だ……。


「スクーター・バスキーって相当《そうとう》やばいね」

のぞき見《み》していたステイシーが言《い》う。

「ほんとは、いい子《こ》かもしれない」

ティムがかばうと他《ほか》の三人《さんにん》がじろりとにらんだ。今《いま》のを見《み》て、まだいい子《こ》だなんて言《い》いはるつもりか⁉　とでも言《い》いたげに。ステイシーが、思《おも》わず皮肉《ひにく》たっぷりに言《い》った。

「あーらやだ、失礼《しつれい》、知《し》らなくって。ボスのお兄《にい》ちゃんって自由主義《じゆうしゅぎ》だったの？」

「自由主義《じゆうしゅぎ》って？」

ティムは自由主義《じゆうしゅぎ》の意味《いみ》がわからず、きょとんとしている。

「しっ！」

ボスはティムの口《くち》をおさえ、持《も》ち運《はこ》びができる小型《こがた》の通信機《つうしんき》を取《と》り出《だ》した。ゲーム機《き》のような直方体《ちょくほうたい》で、アンテナもついている。

「三《み》つ子《ご》たち、頼《たの》みがある。何《なに》か、親《おや》の気《き》をそらせるものを持《も》ってこい」

通信機《つうしんき》を通《とお》して三《み》つ子《ご》に命令《めいれい》したとたん、急《きゅう》に四人《よにん》の後《うし》ろがパッと光《ひか》って、
ズドーン‼

その音《おと》に四人《よにん》がいっせいに振《ふ》りかえると、大《おお》きな段《だん》ボール箱《ばこ》が現《あらわ》れ、上《うえ》には三《み》つ子《ご》が。

段《だん》ボール箱《ばこ》でいったい何《なに》をするつもりなんだろう？

「ぼくたち、使《つか》えるでしょ？　いぇ〜い‼」

任務《にんむ》を完了《かんりょう》した三《み》つ子《ご》たちは、転送用《てんそうよう》おしゃぶりを同時《どうじ》にくわえ、ちゅぱちゅぱして、またサッと姿《すがた》を消《け》した。

「ジンボ、あの箱《はこ》を届《とど》けろ」

「オッケー」

ジンボはすばやく段《だん》ボール箱《ばこ》を持《も》ち上《あ》げると、バスキー家《け》の玄関近《げんかんちか》くに向《む》かった。段《だん》ボール箱《ばこ》を、ドアの横《よこ》にあるチャイムにあたるように放《ほう》り投《な》げ、ドアの前《まえ》に落《お》とした。

ピンポーン♪

チャイムの音《おと》で、スクーターのパパが出《で》てきた。目《め》の前《まえ》の段《だん》ボール箱《ばこ》を、不思議《ふしぎ》そうに

眺《なが》め、届《とど》けた人《ひと》を探《さが》すようにきょろきょろあたりを見回《みまわ》した。でも、もちろん誰《だれ》もいない。

「なんなの、あなた」

「赤《あか》ちゃん用《よう》ブランコがあたったらしい。ほほほ〜。日本製《にほんせい》の最新《さいしん》モデルだ」

荷物《にもつ》にはってある航空便用《こうくうびんよう》の荷札《にふだ》を確《たし》かめてから、パパはうれしそうに段《だん》ボール箱《ばこ》を中《なか》に運び込《こ》んだ。

「日本製《にほんせい》？」

「最高《さいこう》の技術《ぎじゅつ》を使《つか》ってる」

「まあ、素敵《すてき》」

パパが段《だん》ボール箱《ばこ》を開《ひら》いてさかさまに振《ふ》ると、中《なか》の部品《ぶひん》がばらばら落《お》ちてきた。細長《ほそなが》いパイプやら丸《まる》いプラスティック製《せい》のねじが床《ゆか》に散《ち》らばる。でも……、

「おや、説明書《せつめいしょ》が入《はい》ってない」

任務《にんむ》を終《お》えたジンボが、庭《にわ》の芝生《しばふ》の上《うえ》を側転《そくてん》しながら、ボスのところに戻《もど》ってきた。

「よくやったな」

ボスがねぎらうと、ジンボは「ハイッ」と敬礼《けいれい》した。

「ステイシー、ミーティングを設定《せってい》しろ」

ステイシーは背負《せお》っていたピンクのリュックサックを降《お》ろすと、中《なか》から道具《どうぐ》を取《と》り出《だ》した。忍者《にんじゃ》が使《つか》う「かぎなわ」とよく似《に》ていて、毛糸玉《けいとだま》から四本《よんほん》の棒《ぼう》が突《つ》き出《で》たところは、見《み》ようによっては船《ふね》のいかりに似《に》ている。ステイシーは毛糸《けいと》のはしを持《も》ち、かぎなわ風《ふう》に改造《かいぞう》した毛糸玉《けいとだま》を、スクーターの部屋《へや》がある二階《にかい》の窓《まど》をめがけて投《な》げつけた。すると、毛《け》糸玉《いとだま》は窓《まど》のわくにガシッとはまった。窓《まど》とつながった毛糸《けいと》を伝《つた》って、部屋《へや》に侵入《しんにゅう》するんだ。


ママとパパが、一階《いっかい》で赤《あか》ちゃん用《よう》ブランコの組《く》み立《た》てにかかりっきりになっているころ、二階《にかい》のスクーターの部屋《へや》では、侵入《しんにゅう》に成功《せいこう》したボスたちがミーティングの準備《じゅんび》をしていた。ミーティング内容《ないよう》をメモするためのクレヨンと画用紙《がようし》が、スクーターのお絵《え》かき用《よう》デスクに置《お》かれ、ボスはネクタイをキュッと締《し》め直《なお》して、お絵《え》かき用《よう》の椅子《いす》に座《すわ》る。テーブルをはさんだ向《む》かい側《がわ》には、スクーターがふてくされた様子《ようす》で哺乳瓶《ほにゅうびん》からミルクを飲《の》んでいる。

「スクーター、なぜ私《わたし》たちがきたと思《おも》う？」

ボスの言葉《ことば》を完全《かんぜん》に無視《むし》して、スクーターはミルクを勢《いきお》いよくがぶ飲《の》み。ミルクのしずくが飛《と》んできても、ボスはじっと我慢《がまん》して、それを指《ゆび》ではじいた。

「君《きみ》の仕事《しごと》は、簡単《かんたん》だろ？　かわいくしていれば、パパとママは世話《せわ》をしてくれる。お互《たが》いハッピーなはず」

スクーターが哺乳瓶《ほにゅうびん》を投《な》げつけると、さすがのボスもブチキレた。

「……どうすれば、そのとんでもない態度《たいど》を改《あらた》める!?　言《い》ってみろ！」

ボスの言葉《ことば》に、スクーターは逆《ぎゃく》ギレして机《つくえ》を両手《りょうて》でバンと叩《たた》き、

「あうう！！！」

と反論《はんろん》した。すると、ティム以外《いがい》の三人《さんにん》は、ハッとして口《くち》をつぐんで固《かた》まった。気《き》まずい空気《くうき》が流《なが》れる。赤《あか》ちゃん語《ご》がわからないティムは、不思議《ふしぎ》に思《おも》ってボスに聞《き》いた。

「なんて言《い》ったの？」

「それは、彼《かれ》のママについてなんだが……知《し》らない方《ほう》がいい」

ボスが言《い》いにくそうに答《こた》えた。たぶんきっと、ひどい悪口《わるくち》なのだろう。

スクーターは態度《たいど》を改《あらた》める気配《けはい》はなく、机《つくえ》を揺《ゆ》さぶったり、おもちゃの手押《てお》し車《ぐるま》を積《つ》み

木《き》にぶつけたりと、知《し》らん顔《かお》して暴《あば》れまくっている。

「この子《こ》、どうしようもないわよ。リコールしてうちの会社《かいしゃ》に連《つ》れ戻《もど》すしかないんじゃないですか？」

ステイシーがあきれたように言《い》う。

「連《つ》れ戻《もど》すだって⁉　そんなのダメ。ぼくたちはこの子《こ》を助《たす》けなくっちゃ」

「ステイシー、私《わたし》も厳《きび》しくやるのは好《す》きだが、今日《きょう》は穏《おだ》やかにいこう」

必死《ひっし》でスクーターをかばおうとするティムの意見《いけん》に、ボスも賛同《さんどう》する。

「は⁉」

ボスが、ティムのこんな甘《あま》い意見《いけん》に同意《どうい》するなんて！　ステイシーは不満《ふまん》そうに二人《ふたり》をにらみつけた。

「極端《きょくたん》な方法《ほうほう》は避《さ》けよう。どうやる？　テンプルトン」

「さあね、ギブ&《アンド》テイク？」

「すべてはビジネスと同《おな》じ。ようはスクーターの要求《ようきゅう》がわかればいいんだ。スクーター、話《はなし》をしようじゃないか」

そっか、ボスはスクーターと取引《とりひき》しようとしているんだ。ボスは巻《ま》いた札束《さつたば》をスクーターの目《め》の前《まえ》に差《さ》し出《だ》す。どうやらお金《かね》で解決《かいけつ》しようと考《かんが》えているらしい。でも、スクーターは一瞬《いっしゅん》、目《め》を丸《まる》くして札束《さつたば》を見《み》つめたと思《おも》ったら、すごい勢《いきお》いで払《はら》いのけた。バシッと音《おと》がして、お札《さつ》が空中《くうちゅう》に舞《ま》いあがる。

「金《かね》だぞ！　どうかしてる」

さすがのボスも、お手上《てあ》げだ。お金《かね》が通《つう》じないだなんて……!!

そのころ、バスキー家《け》の一階《いっかい》では、パパが夢中《むちゅう》になって日本製《にほんせい》の最新型《さいしんがた》ブランコを組《く》み立《た》てていた。横《よこ》でママも心配《しんぱい》そうに見守《みまも》っている。

「こいつが、ここかな？」

部品《ぶひん》をはめ込《こ》むと、ブランコがぶるぶるとふるえ始《はじ》めた。そして「モードハ、ターボデス！」と自動音声《じどうおんせい》が流《なが》れると、

プシュー！

灰色《はいいろ》の煙《けむり》が噴《ふ》き出《だ》し、ブランコを動《うご》かすモーター部分《ぶぶん》が光《ひか》った。そして次《つぎ》の瞬間《しゅんかん》、ブラ

ンコがものすごい勢《いきお》いで回《まわ》り出《だ》した。

「うわあ!!」

「キャー!!!」

近《ちか》くにいたパパとママにブランコがぶちあたり、二人《ふたり》は、はじき飛《と》ばされてしまった。


二階《にかい》のスクーターの部屋《へや》では、ボスによる取引《とりひき》が続《つづ》いていた。

「これ以上《いじょう》は出《だ》せない。ライブの最前列《さいぜんれつ》のチケットと靴《くつ》、それにジンボの大切《たいせつ》なクマ!」

「ふわふわバブちゃん! いつまでもきみを愛《あい》してくれるよ。ううう……」

ジンボは悲《かな》しそうな顔《かお》でクマのぬいぐるみを抱《だ》きかかえ、なごりおしそうにキスしてから、スクーターの前《まえ》に置《お》いた。

スクーターは目《め》を輝《かがや》かせてぬいぐるみを手《て》に取《と》ると、顔《かお》に近《ちか》づけてべろべろばあをした。

やっぱり、赤《あか》ちゃんはぬいぐるみが大好《だいす》きなんだね。でも、次《つぎ》の瞬間《しゅんかん》、ドバ――ッと、口《くち》から大量《たいりょう》のミルクを吐《は》き出《だ》した!!

クマのぬいぐるみに滝《たき》のようにミルクが降《ふ》りかかる。スクーターは、べっとりとミルクがついたぬいぐるみを床《ゆか》に投《な》げつけて、ギャーッと泣《な》き出《だ》した。

「だあ――――！　なんなんだ、こいつ、ちっとも通《つう》じない。誰《だれ》か助《たす》けてくれー」

「うえへへへへへ」

ジンボが両手《りょうて》を広《ひろ》げ、今《いま》にも抱《だ》きつきそうになったのを、ボスが押《お》しとどめた。

「ハグするなよ」

「あたしがやります！」

ステイシーがあのかぎなわ風毛糸玉《ふうけいとだま》をスクーターに投《な》げつけようとかまえた。もしスクーターにあたってケガでもしたら大変《たいへん》なのに、おかまいなしだ。ボスがあわてて止《と》める。

「やあ、いい。事件《じけん》になって起訴《きそ》されるのはごめんだ」

「もしかしたらさ、ビジネスじゃダメなのかも」

ティムが思《おも》いついたように言《い》った。

「お前《まえ》な、いい加減《かげん》なこと言《い》うな」

ボスにかまわず、ティムはスクーターに歩《あゆ》み寄《よ》って、抱《だ》き上《あ》げた。

「赤《あか》ちゃんがぐずるのは、たぶんイヤなことがあるからだよ。どちたの？　ご機嫌悪《きげんわる》いでちゅね。ポンポンが痛《いた》いでちゅか？　それともおねむかな？　おちんちんがカイカイ？」

「赤《あか》ちゃん言葉《ことば》を使《つか》うのはやめてくれ」

すると、スクーターは口《くち》に入《い》れたティムの人差《ひとさ》し指《ゆび》をチュッチュッと吸《す》い始《はじ》めた。

「わかった！」

ティムが叫《さけ》んだ。

「何《なに》？」

と、ボス。

「歯《は》ぐきが盛《も》り上《あ》がってる。歯《は》が生《は》えそうなんだよ。かわいそうに、痛《いた》いからぐずってたんだね」

赤《あか》くなったスクーターの歯《は》ぐきを触《さわ》って確《たし》かめながら、満足《まんぞく》そうにティムがいった。

すかさずボスがステイシーに尋《たず》ねる。

「ステイシー、この痛《いた》みに効《き》くのは？」

「冷凍《れいとう》のおしゃぶり。痛《いた》みがまぎれるの」

ステイシーはピンクのリュックから凍《こお》ったおしゃぶりを取《と》り出《だ》して、ティムに渡《わた》した。

すぐにスクーターの口《くち》に入《い》れる。

ちゅぱちゅぱ
おしゃぶりを吸《す》い始《はじ》めたスクーターの顔《かお》が、みるみる穏《おだ》やかになっていく。

「もう痛《いた》くない？」

「ウソみたいにおさまったわね」

「テンプルトン、今日《きょう》お前《まえ》を連《つ》れてきたのは、教《おし》えるためだったが、間違《まちが》ってた。逆《ぎゃく》にお前《まえ》から教《おそ》わって……うわぁぁぁぁ！　おぉぉ、やっべぇ！　ちびるー!!」

スクーターがボスの左足《ひだりあし》にかみついている。ティムのおかげでおとなしくなったと思《おも》ったのに！　歯《は》ぐきの痛《いた》みだけが原因《げんいん》じゃなかったのか！

「スクーター、ダメー!!」

ティムが引《ひ》き離《はな》そうと引《ひ》っぱっても、スクーターはしっかりとかみついて離《はな》れない。

「歯《は》が一本《いっぽん》だぞ!?　悪魔《あくま》のヤリで突《つ》かれているみたいだ!!」

やっとのことで引《ひ》き離《はな》すと、今度《こんど》はぬいぐるみにかみついた。

「やれやれ、かむことを教《おし》えちゃった」

ステイシーが腕組《うでぐ》みして、残念《ざんねん》そうに言《い》う。せっかくうまくいったと思《おも》ったのに……。

ティムは悲《かな》しい気持《きも》ちになった。

「裏目《うらめ》に出《で》たな。歯《は》の痛《いた》みを取《と》ったせいで、やつの攻撃力《こうげきりょく》が増《ま》したよ」

「ボス、赤《あか》ちゃん嫌《ぎら》いが広《ひろ》がってます！　隣《となり》の新婚《しんこん》さん、こともあろうにアレを飼《か》うって。……ニャンコを!!」

通信機《つうしんき》を見《み》ながら、ステイシーが叫《さけ》んだ。

「ニャンコ!?　赤《あか》ん坊《ぼう》の代《か》わりにか？」

「あたしたちクビになっちゃうかも!!」

「いや、なんとしてもこの赤《あか》ん坊《ぼう》を直《なお》す！　こうなったらアレを使《つか》う。最後《さいご》の手段《しゅだん》だ。テンプルトン、今《いま》こそランチのさやいんげんの貸《か》しを返《かえ》してもらうぞ」

「どうすればいい？」

「ごほうびシールがいる。うちに戻《もど》り、できるだけたくさん集《あつ》めて、会社《かいしゃ》に来《こ》い」

「わかった!!」

どんな計画《けいかく》か知《し》らないけど、スクーターを直《なお》すためならと、ティムは大急《おおいそ》ぎで転送用《てんそうよう》おしゃぶりをくわえた。

するとあっという間《ま》に、自分《じぶん》の部屋《へや》に到着《とうちゃく》。一階《いっかい》のリビングでは、ママが資料《しりょう》を整理《せいり》している。ティムはその横《よこ》を走《はし》り抜《ぬ》け、リビングの隅《すみ》の収納《しゅうのう》デスクの引《ひ》き出《だ》しから、すばやくシールを取《と》り出《だ》した。

「弟《おとうと》と仲良《なかよ》く遊《あそ》んでる？」

「うん！　大丈夫《だいじょうぶ》だよー。じゃあね〜！」

ママに返事《へんじ》をして自分《じぶん》の部屋《へや》に戻《もど》り、ふたたび大急《おおいそ》ぎでおしゃぶりをくわえると、ティムはベイビー社《しゃ》のオフィスに瞬間移動《しゅんかんいどう》。

「ただいまー！」

「よくやった。一枚《いちまい》はステイシーに。お前《まえ》にも一枚《いちまい》やろう。ごほうびだ」

ボスはシールを受《う》け取《と》ると、ステイシーとティムの胸《むね》に金色《きんいろ》のシールをぺたりとはった。

「いぇーい！」

ステイシーは大喜《おおよろこ》びしている。

「けど、最後《さいご》の手段《しゅだん》って、どんなこと？」

ボスはどんな方法《ほうほう》でスクーターを直《なお》すのか。気《き》になっていたことをティムは聞《き》いた。

「……実《じつ》を言《い》うとだな、リコールするというステイシーの案《あん》を採用《さいよう》したんだ。これが最善《さいぜん》の策《さく》だ。判断《はんだん》したオレにもごほうびシール。キラーン☆」

ボスも自分《じぶん》のスーツの胸《むね》に金色《きんいろ》のシールをはった。え！　どういうこと!?　ティムはビックリした。

「スクーターに何《なに》をしたの!?」

「ここで再教育《さいきょういく》してる」

ステイシーが答《こた》えた。……再教育《さいきょういく》だって!?

ティムがオフィスの一角《いっかく》に目《め》をやると、スクーターが車《くるま》のチャイルドシートみたいな椅《い》子《す》にベルトで縛《しば》られているのが見《み》えた。逃《に》げ出《だ》さないようにってことだろう。スクーターは、目《め》の前《まえ》のテレビ画面《がめん》をじっと見《み》つめ、テレビから流《なが》れる歌《うた》を聴《き》いていた。

♪いい～子《こ》に、し～なさい♪　ダメダメダメダメダメいたずらは♪

なるほど、こうやって再教育《さいきょういく》しようというわけだ。

でも、ティムは自分《じぶん》がダマされたことに納得《なっとく》がいかなかった。

「それじゃあ、あの一家《いっか》からスクーターをさらったわけ⁉」

「まさか、違《ちが》う。無料《むりょう》アップグレードだよ」

「それって、どういうこと？　ちゃんと教《おし》えて」

「じゃ、バスキー家《け》の様子《ようす》を説明《せつめい》してやる。そろそろスクーターのママが気《き》づくころだ」


ここはバスキー家《け》。スクーターのパパは、最新型《さいしんがた》ブランコを相手《あいて》に悪戦苦闘《あくせんくとう》している。ブランコの自動音声《じどうおんせい》はさっきからずっと「ターボ、ターボ、ターボ」とわめいて、ちっとも思《おも》ったとおりに動《うご》いてくれない。

「スクーターにミルクをあげなきゃ」

ミルクの時間《じかん》になったことに気《き》づいたママはキッチンに向《む》かい、電子《でんし》レンジでミルクを温《あたた》めた。

「想像《そうぞう》できるかな、テンプルトン。あのママは、毎日四時間《まいにちよじかん》ごとにミルクをやるんだ。よりによって、あの、スクーター・バスキーに。しかし、今日《きょう》は違《ちが》う。やることは、変《か》わらないがね」

「スクーター？　マンマの時間《じかん》ですよ」

ママは哺乳瓶《ほにゅうびん》を持《も》って階段《かいだん》を上《あ》がり、子《こ》ども部屋《べや》のドアを開《あ》ける。

「何《なに》が違《ちが》うって？　ママがベビーベッドをのぞくと、そこにはかわいい別《べつ》の赤《あか》ちゃんが待《ま》っている。それはまっさらで、パウダーはたきたて。懐《なつ》っこくて、ミルクをよく飲《の》む赤《あか》ん坊《ぼう》。ママは世界一幸《せかいいちしあわ》せになれる」

ボスは自信満々《じしんまんまん》。ミルクをよく飲《の》むいい子《こ》なら、ママは楽《らく》だしさぞ嬉《うれ》しいはず、ってね。

「スクーター？」

部屋《へや》に入《はい》ったママは、ベビーベッドに近寄《ちかよ》りスクーターの名前《なまえ》を呼《よ》んだ。

でも……ベッドにいたのは、ママの愛《あい》するスクーター……じゃなかった！　ママを見上《みあ》げて
大《おお》きさがスクーターの二倍《にばい》もある、ジャイアント・ベイビー、ジンボ。

「うははは」と笑《わら》っている。

「は⁉」

何《なに》が起《お》きたの⁉　この子《こ》は、誰《だれ》⁉

あたしの愛《あい》するスクーターじゃない‼　ママの手《て》から哺乳瓶《ほにゅうびん》がすべり落《お》ちた。

「キャ――――――！」

恐怖《きょうふ》に満《み》ちた悲鳴《ひめい》が、ご近所中《きんじょじゅう》に響《ひび》き渡《わた》る。

「またか、バスキーさんの赤《あか》ん坊《ぼう》は最悪《さいあく》だな」

お隣《となり》の新婚《しんこん》カップルの夫《おっと》が怒《いか》りをあらわにして言《い》った。

「赤《あか》ちゃんの代《か》わりにネコを飼《か》う方《ほう》がずっといい」

妻《つま》はネコの写真集《しゃしんしゅう》を開《ひら》いて、二人《ふたり》でどれを飼《か》おうか相談《そうだん》を始《はじ》めた。

「なんだって⁉　そんなことしたら、ひどいトラブルになるよ」

ティムは、ボスの間違《まちが》った考《かんが》えを、なんとか変《か》えようと必死《ひっし》だ。だって、どんなに大変《たいへん》でも、ママにとってはスクーターがいちばんかわいいに決《き》まっている！　でも、ボスはそんなこと、ちっともわかっちゃいなかった。

「ジンボはただの代役《だいやく》だ。バスキー家《け》には、工場《こうじょう》で作《つく》りたての赤《あか》ん坊《ぼう》をすぐに支給《しきゅう》する。スクーターも心配《しんぱい》ない。再教育《さいきょういく》の終了後《しゅうりょうご》、一人《ひとり》増《ふ》えてもわからないような大家族《だいかぞく》に送《おく》る」

「ユタ州《しゅう》がよさそう」

ステイシーが口《くち》をはさむ。

「すべてビジネスで片《かた》が付《つ》くんだよ。この件《けん》はこれで丸《まる》くおさまる。ウィンウィンだ」

「君《きみ》ったら、わかってないな。家族《かぞく》って、そんなもんじゃないだろ！　全然違《ぜんぜんちが》う‼」

ティムはだんだん怒《いか》りが込《こ》み上《あ》げてきて、思《おも》わず怒鳴《どな》ってしまう。ビジネスのために家《か》族《ぞく》を引《ひ》き離《はな》すなんて、どうかしている。

「はぁ〜あ。なぁ、間違《まちが》いだったよ」

ティムのあまりの剣幕《けんまく》に、ボスがため息《いき》をついた。

「じゃあ、スクーターを返《かえ》す？」

「いや、あんな子《こ》はいない方《ほう》が幸《しあわ》せだ。お前《まえ》を会社《かいしゃ》に連《つ》れてきたことが間違《まちが》い」

「そんなぁ……」

ティムはがっくりと落《お》ち込《こ》む。ダメだ……全然伝《ぜんぜんつた》わってない。

「悪《わる》く思《おも》うな。兄弟《きょうだい》がいいもんだとは思《おも》ってる。本気《ほんき》でね。だけどな、職場《しょくば》と家庭《かてい》は、はっきりと分《わ》けた方《ほう》がいいんだ」

ボスが言《い》い終《お》わると、部下《ぶか》の一人《ひとり》が転送用《てんそうよう》おしゃぶりをトレイにのせてあらわれ、ティムに向《む》かって、うやうやしく差《さ》し出《だ》す。ティムはそのひとつを手《て》に取《と》り、ちらっとボスの顔《かお》を見《み》た。思《おも》い直《なお》してくれないかな、と思《おも》いながら……。

でも、どうやらボスには、まったくその気《き》はなさそうだった。

そのとき、ティムの頭《あたま》にあるアイデアがひらめいた。

「わかったよー。じゃあ、帰《かえ》る前《まえ》にスクーターにあいさつするね。へへ、へへへへへ」

「その笑《わら》いはなんだ？」

「笑《わら》うのが好《す》きなだけ」

「よろしい。とにかく、帰《かえ》れ」

ティムの態度《たいど》がちょっと変《へん》なことに気《き》づいたけど、ボスはステイシーとその場《ば》を去《さ》った。

よし、今《いま》だ！　と、すぐさまティムはスクーターのもとへ向《む》かった。

フロアの一角《いっかく》で、スクーターが目《め》を真《ま》ん丸《まる》に開《ひら》いて再教育用《さいきょういくよう》のビデオを観《み》ている。

♪いい～子《こ》に、し～なさい……♪

側《そば》に駆《か》けよると、ティムはスクーターの椅子《いす》のベルトを外《はず》した。

「よし、いい子《こ》だね」

これでスクーターは自由《じゆう》の身《み》だ。


ステイシーと一緒《いっしょ》に、ボスがフロアを歩《ある》いていると、社長《しゃちょう》ベイビーが歩行器《ほこうき》に乗《の》って二人《ふたり》の行《ゆ》く手《て》をさえぎった。秘書《ひしょ》のマグナスを従《したが》えている。

「ボス・ベイビー！　俺《おれ》はお前《まえ》って部下《ぶか》に耐《た》えられないんだ。クビにしていいか？」

「ははははは。からかわないでくださいよ。ステイシー、マップを」

ステイシーは通信機《つうしんき》をすばやく取《と》り出《だ》すと、慣《な》れた手《て》つきで操作《そうさ》ボタンを押《お》した。バスキー家近隣《けきんりん》では、きっと怒《いか》りマークは消《き》えているはず……。ところが、お目当《めあ》てのマップが出《で》たとたん、ハッと息《いき》をのんだ。マップが怒《いか》りマークで埋《う》めつくされていたのだ。ステイシーは、真《ま》っ青《さお》！

何《なに》も知《し》らないボスは、自信満々《じしんまんまん》で社長《しゃちょう》ベイビーに説明《せつめい》している。

「今《いま》ごろ、バスキー家《け》の周《まわ》りでは、全員《ぜんいん》がそろって……。な…なんだ、これ⁉　ヤバッ！」

ボスはステイシーにマップを見《み》せられた瞬間《しゅんかん》、思《おも》わず叫《さけ》んだ。

それから、くるりと社長《しゃちょう》ベイビーの方《ほう》に向《む》き直《なお》ると、

「あー、これから、もう一度現場《いちどげんば》をみてきます。バスキー夫妻《ふさい》が新《あたら》しい赤《あか》ちゃんに満足《まんぞく》かを確《たし》かめたいんで。あははははは」

さて、バスキー家《け》でも大変《たいへん》なことが起《お》きていた。

スクーターのママが二階《にかい》の階段《かいだん》をドタドタドタと降《お》りてきた。

「きゃー―――！　うちの子《こ》がいなくて、すごいでっかい、変《へん》な赤《あか》ちゃんがいるの‼　こんなときにブランコなんか組《く》み立《た》てないでよ！」

「エエーッ！　スクーターがいない⁉」

ブランコと格闘中《かくとうちゅう》のパパも大《おお》あわて。その時《とき》、ブランコが飛《と》び跳《は》ねてパパの体《からだ》は大《おお》きくバウンドして床《ゆか》にたたきつけられてしまった。

ターボ！　ターボ！　ターボ！　ターボ！　……

ブランコは暴走《ぼうそう》を始《はじ》めた。家《いえ》の中《なか》をぴょんぴょんはね回《まわ》り、ソファだろうと机《つくえ》だろうとお構《かま》いなしに飛《と》びのって、置《お》いてある本《ほん》やフルーツをなぎ倒《たお》した。

「きゃ――――――！」

身《み》の危険《きけん》を感《かん》じた二人《ふたり》は、たまらず家《いえ》から逃《に》げ出《だ》す。

たった一人《ひとり》、家《いえ》に残《のこ》されたジンボは、何《なに》も知《し》らずにモタモタと二階《にかい》から降《お》りてきた。

「ママ、抱《だ》っこ」

でも、家《いえ》の中《なか》は空《から》っぽ。誰《だれ》も答《こた》えてくれなかった。

「つまりですね、すべて想定内《そうていない》です。ご安心《あんしん》ください……」

オフィスでは、ボスが社長《しゃちょう》ベイビーに必死《ひっし》で言《い》い訳《わけ》をしている。と、突然《とつぜん》、周《まわ》りが騒《さわ》がしくなった。

きゃ――――――――――！

耳《みみ》をつんざくような、かん高《だか》い悲鳴《ひめい》があがる。

再教育中《さいきょういくちゅう》のスクーターの席《せき》は……もぬけのカラだった。

♪いい子《こ》に……♪

ビデオの歌《うた》だけが、フロアに響《ひび》いている。

そのときだった。ひとつのブースから、赤《あか》ちゃん従業員《じゅうぎょういん》が、悲鳴《ひめい》をあげながらこちらへ逃《に》げてきた。そのあとを追《お》っていたのは、なんと凶暴《きょうぼう》なオオカミみたいになった、スクーター。書類《しょるい》をくわえて首《くび》を左右《さゆう》に振《ふ》りながら、あたりにまき散《ち》らし、デスクやブースのついたてによじ登《のぼ》って、大暴《おおあば》れしている。

「俺《おれ》、ちょっと出《で》てくる」

巻《ま》きこまれるのはごめんだ、といわんばかりに、社長《しゃちょう》ベイビーは、くるりと向《む》きを変《か》えると、歩行器《ほこうき》をけって逃《に》げ出《だ》した。

「これでわかった？　いい勉強《べんきょう》になるでしょ」

ついたてのうしろから、ティムが現《あらわ》れた。

「勉強《べんきょう》だと!?」

「そう、勉強《べんきょう》。君《きみ》も学《まな》ばなきゃ」

スクーターを再教育《さいきょういく》なんて無理《むり》。だって、赤《あか》ちゃんだもん。ボスも何《なに》かを感《かん》じたみたい。

「まったく……こっちだ」

スクーターのあとを追《お》いかける二人《ふたり》。オフィスはてんてこまいだ。

椅子《いす》を投《な》げつけたり、従業員《じゅうぎょういん》のお尻《しり》にかみついたり、散々暴《さんざんあば》れまくったスクーター。今《こん》度《ど》は休憩室《きゅうけいしつ》の棚《たな》にのっている、哺乳瓶《ほにゅうびん》とクッキーの皿《さら》を見《み》つけて突進《とっしん》する。近《ちか》くにいた従《じゅう》業員《ぎょういん》が叫《さけ》ぶ。

「あの子《こ》、休憩室《きゅうけいしつ》に向《む》かってる！」

「砂糖《さとう》は食《た》べさせちゃダメー！」

ステイシーが大声《おおごえ》で止《と》めたけど、遅《おそ》かった。スクーターは休憩室《きゅうけいしつ》の棚《たな》の上《うえ》に跳《と》びのると、山盛《やまも》りに置《お》いてあるクッキーを、バリバリ食《た》べ出《だ》した。ひと口《くち》食《た》べ、ふた口《くち》食《た》べ、スクーターはクッキーのあまりの美味《おい》しさに、大《おお》はしゃぎ。足《あし》をバタバタさせてキャハハハハハと大笑《おおわら》い。それを見《み》たティムは、悔《くや》しそうに言《い》った。

「あの子《こ》に、クッキーとられた！」

甘《あま》いクッキーを食《た》べたスクーターは、さらに凶暴《きょうぼう》になって、今度《こんど》はテーブルに突撃《とつげき》した。コントロールがきかなくなったラジコンカーみたいに、あちこち走《はし》り回《まわ》り、ビューンとティムのわきを駆《か》け抜《ぬ》ける。

「うわぁ！」

ティムは、思《おも》わずのけぞった。

「これは、お前《まえ》がまいた種《たね》だよな、テンプルトン。俺《おれ》はステイシーと、ジンボの様子《ようす》をみにいく。お前《まえ》はアレの担当《たんとう》だ」

「ねえ、あの……ここには警備員《けいびいん》さんとかいないの？　それか……」

ティムの言葉《ことば》が終《お》わらないうちに、ボスはピューピューと口笛《くちぶえ》で合図《あいず》して、「三《み》つ子《ご》！」と叫《さけ》んだ。すると、「はーい！」と声《こえ》がして休憩室《きゅうけいしつ》の奥《おく》のブースから、くるくる回《まわ》りながら三《み》つ子《ご》が現《あらわ》れた。

「はい、ボス」

「ただいま参上《さんじょう》」

「やぁ、ボスの兄《にい》ちゃん」

ボスは、ティムに通信機《つうしんき》を投《な》げて渡《わた》すと、

「つかまえたら連絡《れんらく》しろ。俺《おれ》をクビにさせるな！」

と言《い》ってその場《ば》を走《はし》り去《さ》った。通信機《つうしんき》を手《て》にして、あっけにとられているティムの横《よこ》では、久《ひさ》しぶりに仕事《しごと》を与《あた》えられた三《み》つ子《ご》たちが、大《おお》はしゃぎ。緑色《みどりいろ》のつなぎを着《き》た三《み》つ子《ご》の一人《ひとり》が、宙返《ちゅうがえ》りをして走《はし》り出《だ》す。

「ぼくちゃん、警備員《けいびいん》だ。ウーウーウーウーウーウー！」

「あははは」

黄色《きいろ》のつなぎと青色《あおいろ》のつなぎの二人《ふたり》も、手《て》を叩《たた》いて大喜《おおよろこ》びだ。

バスキー家《け》の玄関《げんかん》のドアが開《あ》き、中《なか》から、オムツいっちょうのジンボが姿《すがた》を見《み》せた。

「ブブバババヤ」

赤《あか》ちゃん語《ご》で、何《なに》かをしゃべっている。

家《いえ》の外《そと》には二人《ふたり》の警察官《けいさつかん》、スクーターのママとパパ、近所《きんじょ》の人《ひと》たちが五人《ごにん》の、全部《ぜんぶ》で九《く》人《にん》の大人《おとな》たちが、身《み》がまえながらジンボを見《み》つめている。要注意人物扱《ようちゅういじんぶつあつか》いだ。

「あの巨大《きょだい》な赤《あか》ん坊《ぼう》は、殺人《さつじん》ブランコロボットと一緒《いっしょ》にこの家《いえ》へ？　それとも……」

警官《けいかん》が書類《しょるい》を手《て》にして、ママとパパに質問《しつもん》した。

「わからない！　それより早《はや》くうちの子《こ》をみつけて!!」

ママはスクーターがどこにいるか心配《しんぱい》で、声《こえ》がうわずっている。

そのすきに、玄関口《げんかんぐち》につっ立《た》っているジンボの腕《うで》を、ステイシーがすばやくつかみ、バスキー家《け》の中《なか》に引《ひ》っ張《ぱ》りこんだ。そこにはボスの姿《すがた》も。

「お前《まえ》、何《なに》をしたんだ!?」

「うわあああああああああ！」

ステイシーに羽交《はが》い絞《じ》めにされて、ジンボはおびえたような声《こえ》をあげた。

オフィスでは、ティムと三《み》つ子《ご》たちがスクーターに振《ふ》り回《まわ》されていた。

フロアの壁《かべ》の一部《いちぶ》には大《おお》きな穴《あな》が開《あ》き、大量《たいりょう》の書類《しょるい》がばらまかれている。ぜーんぶ、スクーターのしわざだ。スクーターは、まだ走《はし》りまわっている。なんて元気《げんき》なんだ！　警備員《けいびいん》の任務《にんむ》についた三《み》つ子《ご》もお手上《てあ》げ。そのうち一人《ひとり》は、スクーターにオムツを引《ひ》っぱられて、オフィス中《じゅう》、引《ひ》きずり回《まわ》されていた。

「スクーター、ねぇ、いい子《こ》にして！　ダメー!!　スクーター、ダメだって！　いい子《こ》に……ぶっ……」

スクーターがまき散《ち》らした書類《しょるい》が、ティムの顔《かお》にはりつく。と、そのとき。

プルルプルル

通信機《つうしんき》が鳴《な》った。ボスだ。

「テンプルトン！」

「いやぁ、こっちはうまくいってるから……」

ティムは、スクーターがオフィスで暴走《ぼうそう》していることを、ボスに知《し》られたくなかったけど、ボスにはお見通《みとお》しだった。

「お前《まえ》、嘘《うそ》へたすぎ。それでかけたんじゃない！　俺《おれ》たちは包囲《ほうい》されてるんだ。ブランコを外《そと》に放《はな》って時間《じかん》をかせぎ反撃《はんげき》している」

どちらも緊急事態《きんきゅうじたい》だ。バスキー家《け》の庭先《にわさき》では、自動《じどう》ブランコが大暴《おおあば》れしている。パトカーの車体《しゃたい》に警察官《けいさつかん》が隠《かく》れて、ボスたちがいるバスキー家《け》を包囲《ほうい》している。

「ブランコに銃《じゅう》を奪《うば》われた！」

警官《けいかん》が叫《さけ》ぶ。

ターボ！　ターボ！　ターボ！　ターボ！

ブランコはぴょんぴょん飛《と》び跳《は》ねて、逃《に》げる人々《ひとびと》を追《お》いかけまわしている。

「オフィスにある情報収集《じょうほうしゅうしゅう》システムを使《つか》って、脱出《だっしゅつ》ルートをみつけろ！　急《いそ》げよ。時間《じかん》がない。危険《きけん》が差《さ》し迫《せま》ってるんだ」

ティムに早口《はやくち》で命令《めいれい》し終《お》わると、ボスはステイシーに尋《たず》ねる。

「ステイシー、ご近所《きんじょ》は？」

「みんなが、赤《あか》ちゃんのことをマジで嫌《きら》ってます」

ティムの前《まえ》にある情報《じょうほう》を映《うつ》し出《だ》す大型《おおがた》スクリーンには、バスキー家周辺《けしゅうへん》の地図《ちず》が示《しめ》され、怒《いか》りマークがすごい勢《いきお》いで増《ふ》えていく。

「わかった。ぼくに考《かんが》えがある」

ティムは通信機《つうしんき》を投《な》げ捨《す》てると、スクーターを探《さが》しに走《はし》った。

「俺《おれ》は身《み》の危険《きけん》を感《かん》じている。こっちを優先《ゆうせん》しろ！」

通信機《つうしんき》からボスの声《こえ》が聞《き》こえるが、ティムの耳《みみ》には届《とど》かない。

フロアでは凶暴化《きょうぼうか》したスクーターが、よだれをだらだらたらし、ヒツジを狙《ねら》うオオカミみたいな顔《かお》つきで、三《み》つ子《ご》に迫《せま》っていた。かわいそうに、三《み》つ子《ご》はおびえきっている。

そこに、チョコチップクッキーとジュースを両手《りょうて》に抱《かか》えたティムが。

「スクーター、こっちを見《み》て。クッキーとジュースいる？」

一方《いっぽう》、バスキー家《け》に立《た》てこもっているボスは、ティムに何度《なんど》も呼《よ》びかけていた。

「テンプルトン！　テンプルトン！　応答《おうとう》しろ。……回線《かいせん》がきれた。ジンボ、玄関《げんかん》のドアを塞《ふさ》げ。捕《つか》まったら、二年間《にねんかん》施設《しせつ》行きだぞ」

ジンボがドアの前《まえ》に大型冷蔵庫《おおがたれいぞうこ》を運《はこ》んできて、どんと置《お》いた。さすが力《ちから》もち。

「イヤよ！　施設《しせつ》行きなんか、絶対《ぜったい》にイヤ！　そんなことされるくらいなら、血《ち》と炎《ほのお》の嵐《あらし》の中《なか》へ飛《と》び込《こ》んでやるー!!」

ステイシーは手作《てづく》りの弓《ゆみ》を装備《そうび》して、敵《てき》に狙《ねら》いをつけた。そのとき、

「やぁ！」

突然《とつぜん》、ティムの声《こえ》が通信機《つうしんき》から聞《き》こえてきた。

「あぁあ、つながった！　脱出《だっしゅつ》ルートを早《はや》く！」

やっと応答《おうとう》した！　ボスが、ティムをせかすが、ティムはのんびりした声《こえ》で応答《おうとう》する。

「それよりさ、スクーターをパパとママに返《かえ》すことにするよ」

「何《なに》!?　ここはご近所《きんじょ》さんの怒《いか》りで今《いま》にも爆発《ばくはつ》しそうな状況《じょうきょう》なんだぞ。あんな子《こ》を返《かえ》したりしたら、周《まわ》りに赤《あか》ちゃんを愛《あい》する人間《にんげん》がいなくなる。絶対《ぜったい》ダメだ！　……って、お前《まえ》どこにいるんだよ？」

「ここだよー！」

ティムの声《こえ》がやけに近《ちか》くで聞《き》こえる。……と思《おも》ったら、窓《まど》の外側《そとがわ》に、ティムがひょいっと顔《かお》を出《だ》した。えっ！　ボスが驚《おどろ》いて目《め》をぱちくりして外《そと》を見《み》ると、もっと驚《おどろ》くことが。

スクーター！

庭《にわ》の芝生《しばふ》の上《うえ》を、ハイハイしている。そして、大人《おとな》たちがいる方《ほう》へ、ずんずん進《すす》んでい

く。よだれをだらだらとたらしながら。

やばい！　スクリーンの怒《いか》りマークが、ますます増《ふ》えていく。

ピピピピピ……赤《あか》ちゃん嫌《ぎら》い度《ど》を示《しめ》す数値《すうち》は最大《さいだい》になっていく。

「テンプルトン……お前《まえ》のせいで、破滅《はめつ》だ」

もうダメだ！

絶望《ぜつぼう》するボスを横目《よこめ》に、ティムはなぜかニコニコしながら、ハイハイするスクーターを見守《みまも》っている。

スクーターが少《すこ》しずつ、大人《おとな》たちのいる方《ほう》へと近《ちか》づいていく。と、それに気《き》づいた大人《おとな》たちは、どよめきながらスクーターを避《さ》けるように道《みち》を開《あ》ける。その間《あいだ》を、スクーターはさらにずんずんと進《すす》んでいった。

その先《さき》にいたのは……。

スクーターのパパとママだった。

「スクーター!!」

今《いま》までオオカミのような顔《かお》つきだったスクーターだったけど、パパの声《こえ》を聞《き》いたとたんに、ぱっと顔《かお》を上《あ》げてニッコリ。ばあ、あはははとかわいらしい笑《わら》い声《ごえ》をあげ、まるで天《てん》使《し》のような顔《かお》になったんだ。

「あたしの赤《あか》ちゃん！」

ママは、嬉《うれ》しさのあまり、スクーターを抱《だ》き上《あ》げて、ほっぺや額《ひたい》に何度《なんど》もキスをした。

「よかったよ〜。ほんとによかった〜」

パパも安心《あんしん》したせいか、泣《な》きそうな顔《かお》で、スクーターとママをぎゅっと抱《だ》きしめる。

「あぁ〜……」

親子《おやこ》の再会《さいかい》の光景《こうけい》に、周《まわ》りの大人《おとな》たちは、感動《かんどう》していた。スクーターに、塀《へい》に落書《らくが》きをされた隣《となり》のおじさんもペンキを塗《ぬ》り直《なお》しながら、目《め》じりをさげた。

「まぁぁ〜」

同《おな》じく置物《おきもの》を壊《こわ》されたおばさんも、これ以上《いじょう》ないほどの、やさしい笑顔《えがお》を向《む》けた。

ネコを飼《か》うと決《き》めてた新婚《しんこん》カップルでさえ、三人《さんにん》の感動的《かんどうてき》なシーンを見《み》て、うっとり。

「あぁ〜、あなた、やっぱり赤《あか》ちゃんが欲《ほ》しいわ」

「ネコより、赤《あか》ちゃんだ」

二人《ふたり》は、笑顔《えがお》で抱《だ》き合《あ》った。幸福《こうふく》そうな親子《おやこ》の姿《すがた》に警察官《けいさつかん》だって、メロメロだ。

「武装解除《ぶそうかいじょ》だ。ほら見《み》ろよ。なんてほほえましいんだ」

ブランコに手錠《てじょう》をかけようとしている同僚《どうりょう》に向《む》かって、もうひとりの警察官《けいさつかん》が、伝《つた》えた。

「アリガトウ〜！」

ブランコの自動音声《じどうおんせい》が、手錠《てじょう》をかけるのをやめた警察官《けいさつかん》にお礼《れい》を言《い》っている。

バスキー一家《いっか》のおかげで、ここにいるみんなの心《こころ》に、愛《あい》のオーラが満《み》ちあふれているようだ。そう、家族《かぞく》っていいもんだって、ここにいるみんなが思《おも》っているみたい。

なんだ、これは。思《おも》いがけない展開《てんかい》に、理解《りかい》できないといった表情《ひょうじょう》のボス。

「テンプルトン、よくやった！　でも、これはいったいどういうことだ？」

「地図《ちず》を見《み》ててわかったんだ。周《まわ》りの家《いえ》の人《ひと》はスクーターを嫌《きら》ってるよね。でも、両親《りょうしん》には愛《あい》されてたんだ。それでこう考《かんが》えたの。ご近所《きんじょ》にこの子《こ》を愛《あい》させるには、家族《かぞく》の愛情《あいじょう》の深《ふか》さをみんなに見《み》せてあげたらいいんじゃないかってね。家族愛《かぞくあい》はビジネスとは違《ちが》う」

たしかに、そうだった。通信機《つうしんき》の画面《がめん》をよく見《み》ると、怒《いか》りマークだらけの中《なか》に、ポツンとハート形《がた》のマークがひとつ。そう、このハートがバスキー家《け》だったんだ！

さらに、バスキー家《け》の周《まわ》りを拡大《かくだい》していくと……怒《いか》りマークが、つぎつぎと笑顔《えがお》のマークに変化《へんか》していく！

「ボス！　赤《あか》ちゃんへの愛《あい》が増加《ぞうか》しています！」

ボードをチェックしていたステイシーの興奮《こうふん》した声《こえ》に、ボスが宣言《せんげん》した。

「ひとつを残《のこ》して、任務完了《にんむかんりょう》だ」

「何《なに》？」

ひとつ？　いったい、なんだろう。

パトカーもひきあげて、これですべて解決《かいけつ》、と思《おも》ったら、バスキー親子三人《おやこさんにん》の背後《はいご》に、誰《だれ》かが近《ちか》づき……ママとパパは、思《おも》わずぎょっとして後《あと》ずさりした。

「きゃ―――――！　なんなの、このデカい子《こ》!!」

「ウーホホホホ」

家《いえ》の中《なか》にいて、何《なに》も知《し》らないジンボが、ママに抱《だ》っこしてもらおうと両手《りょうて》を広《ひろ》げてよたよた近《ちか》づいてきたのだ。と、すぐにティムが走《はし》り寄《よ》って、ジンボを抱《だ》き寄《よ》せた。

「ここにいたんだね。すみません、ぼくの従弟《いとこ》、ウロウロ赤《あか》ちゃん症候群《しょうこうぐん》なの。ほんとの病気《びょうき》だから、たぶん百科事典《ひゃっかじてん》にのってるけど、調《しら》べないでね。それじゃあ！」

うまいこと言《い》い訳《わけ》して、ティムはジンボを引《ひ》きずりながら木立《こだち》の陰《かげ》に消《き》えた。

あっけにとられて立《た》ちつくす、スクーターの両親《りょうしん》。スクーターはニコニコ笑《わら》っている。

「へ～、そうか」

スクーターのパパがつぶやいた。これをもって、やっと任務完了《にんむかんりょう》っていうわけ。

ティムとボスは家《いえ》に戻《もど》って、ティムの部屋《へや》に入《はい》った。ボスは、彼《かれ》なりの言葉《ことば》で、ティムをねぎらった。

「お手柄《てがら》だったな、テンプルトン。しかし……今回《こんかい》は借《か》りができたと思《おも》うとスッキリしないな」

「そんなの、気《き》にしないで。兄弟《きょうだい》じゃん！」

「ははははは。お前《まえ》はビジネス感覚《かんかく》がないな」

「ぼく、それでいいの」

「でも、家族《かぞく》には詳《くわ》しい。二人《ふたり》が組《く》めば、強力《きょうりょく》なパワーになる。どうだろう？　もしよければ……というか、ぜひ、明日《あした》も二人《ふたり》で一緒《いっしょ》に働《はたら》かないか？」

「それ、楽《たの》しそう！　だけど、ひとつ条件《じょうけん》があるよ」

ティムは腕組《うでぐ》みして、ボスに取引《とりひき》を持《も》ちかけた。ボスはなんだか複雑《ふくざつ》な表情《ひょうじょう》。今回《こんかい》の任《にん》務《む》で、ティムは取引《とりひき》の仕方《しかた》を学《まな》んだみたいだ。


テンプルトン家《け》の夕食《ゆうしょく》の時間《じかん》。

ティムの皿《さら》には、ゆでたさやいんげんがほとんど手《て》つかずで残《のこ》っている。ティムがテーブルの向《む》かいにすわっている弟《おとうと》に、すばやく目《め》くばせ。

それを合図《あいず》に、弟《おとうと》は「わぁぁ！」と叫《さけ》んで、自分《じぶん》がすわっているベビーチェアのテーブルを思《おも》いっきりドンと叩《たた》いた。すると弟《おとうと》のお皿《さら》から、さやいんげんが勢《いきお》いよくとびだしママとパパの顔《かお》に命中《めいちゅう》。

「やめなさい！」

「あぁー」

パパとママが手《て》で顔《かお》を覆《おお》っているすきに、ティムと弟《おとうと》はお互《たが》いの皿《さら》をサッと入《い》れ替《か》えた。目《め》にもとまらぬはやわざだ。おかげで、ティムのお皿《さら》は空《から》っぽに。

「ごちそうさま！　ぼく、テレビ観《み》るね」

ティムは何食《なにく》わぬ顔《かお》でテーブルを離《はな》れた。ママとパパは、顔《かお》に飛《と》び散《ち》ったさやいんげんを、ナプキンで拭《ふ》いている。これで、もうママに怒《おこ》られることもない。これが、ウィンウィンの関係《かんけい》、ビジネスだよね！

計画《けいかく》が成功《せいこう》したティムは、思《おも》わずつぶやいた。

「この家族《かぞく》、最高《さいこう》！」

弟《おとうと》もうれしそうに、手《て》をパチパチ叩《たた》いて、キャッキャキャッキャキャッと笑《わら》った。

本当《ほんとう》に、家族《かぞく》って最高《さいこう》だね！

第《だい》2話《わ》

送《おく》りこまれた敵《てき》

ある日《ひ》の、テンプルトン家《け》のリビング。

「ハッハッハッハッ……」

何《なに》かに追《お》われ、全速力《ぜんそくりょく》のハイハイで逃《に》げている赤《あか》ちゃん。

オムツをしているだけの裸《はだか》の姿《すがた》。

あたりをきょろきょろ見回《みまわ》しながら、ソファの陰《かげ》に隠《かく》れる。

何《なに》か、とてつもなく怖《こわ》いものに追《お》いかけられているみたい。

コツコツコツ……

誰《だれ》かの足音《あしおと》が、近《ちか》づいてくる。

ソファの陰《かげ》でみつからないように、じっとしている赤《あか》ちゃん。

……と、黒《くろ》い影《かげ》が伸《の》びてきた……！

ハッとして反対側《はんたいがわ》に逃《に》げようとした、そのとき……、

「ほうら、赤《あか》ちゃん見《み》つけ！」

二本《にほん》の腕《うで》がにゅっと伸《の》び、赤《あか》ちゃんをサッと抱《だ》き上《あ》げた。

ママだ。

そのまま、赤《あか》ちゃんのふっくらしたお腹《なか》にくちびるをつけて、ブブブブブと吹《ふ》いた。

キャッキャッキャッ！

赤《あか》ちゃんはくすぐったがって、愛《あい》らしい笑《わら》い声《ごえ》をあげた。

「あ〜、もうちょっとだったのに〜。もう一回《いっかい》やろう！」

ママに先《さき》を越《こ》されたパパは、ちょっと悔《くや》しそう。

「じゃあ、もう一回《いっかい》やる？　やっちゃう？　やっちゃう？　やっちゃおっか〜？」

赤《あか》ちゃんをたかいたか〜いしながら、ママが言《い》う。

赤《あか》ちゃんもうれしそうに手《て》をパチパチ叩《たた》いて、もう一回《いっかい》やってほしそう。

「いくよ！　赤《あか》ちゃんかくれんぼ！」

ママとパパが指《ゆび》を立《た》て、同時《どうじ》に叫《さけ》んだ。そして、二人《ふたり》とも手《て》で目《め》を隠《かく》し、数《かず》をかぞえ始《はじ》める。二人《ふたり》がかくれんぼのオニってわけだ。

「アハ、キャキャキャキャキャ」

赤《あか》ちゃんは、ハイハイして隣《となり》のキッチンへのドアを、そっと開《あ》ける。中《なか》に入《はい》るのかと思《おも》ったら、もと来《き》た方《ほう》に戻《もど》った。ウラをかくなんて、あったまいい〜！

数《かぞ》え終《お》わって赤《あか》ちゃんを探《さが》し始《はじ》めたパパは、キッチンのドアが少《すこ》し開《あ》いているのを見《み》つけた。

しめしめと思《おも》って、ドアをパッと開《あ》ける。

「どこへ行《い》った〜？　ばぁ！」

でも、キッチンには誰《だれ》もいない。もちろん、赤《あか》ちゃんの姿《すがた》も。

……あれ、ほんとに、どこへ行《い》ったんだ？

ママとパパが首《くび》をかしげている頃《ころ》、赤《あか》ちゃんはキッチンとは別《べつ》の部屋《へや》に向《む》かっていた。

「パパさんにつかまるもんか！」

突然《とつぜん》、赤《あか》ちゃんはハイハイをやめて二本《にほん》の足《あし》で歩《ある》きだし、おっさんみたいな声《こえ》でしゃべりだす。……と、

「つっかまえた、赤《あか》ちゃん！」

抱《だ》っこしたのは、赤《あか》ちゃんの兄《あに》のティムだった。

バシッ！

でも、つかまえたのがティムだとわかると、弟《おとうと》は、らしくないほどの強《つよ》い力《ちから》でティムの

鼻《はな》を叩《たた》いてきた。

「痛《いた》っ!!」

「やめろ」

叩《たた》いたあとも赤《あか》ちゃんらしくないこわい顔《かお》でにらんでくる。姿《すがた》は赤《あか》ちゃんだけど、表情《ひょうじょう》は、きりっとしたデキる大人《おとな》の風格《ふうかく》。だって、この赤《あか》ちゃんはボス・ベイビーだから!

「なんでダメなの?」

「テンプルトン、この俺様《おれさま》だって、たまには親《おや》に〝つ~かまえた!〟をさせるさ。まぁ、楽《たの》しい。だからってそのネバッこい口《くち》でぶちゅ~はよせ。腹筋《ふっきん》がけがれる」

「そんなら、ぶちゅ~してやる!」

ティムはボスをつかまえようと手《て》を広《ひろ》げたが、弟《おとうと》はひょいとそれをかわした。

何度挑戦《なんどちょうせん》しても、ダメ。こうなったら、ティムだって本気《ほんき》モードだ。

「はははは~。お前《まえ》にこの俺《おれ》が、つかまえられるかな?」

ティムが手《て》を伸《の》ばすと、ふっとボスの姿《すがた》が消《き》えた。

「あれっ？」

ボスを見失《みうしな》って、きょろきょろするティム。

すると、階段《かいだん》の手《て》すりにぶら下《さ》がったボスが、ティムの真後《まうし》ろにぬっと現《あらわ》れた。

「うわーあ」

「お化《ば》けになって夢《ゆめ》に出《で》てやろうか？」

ボスが、からかうように言《い》う。

くそー！

ティムは何度《なんど》も手《て》を伸《の》ばすけど、ボスはリスみたいにひょいひょいと身《み》をかわす。なんて身軽《みがる》な赤《あか》ちゃんなんだろう。

「さぁ、こっちだ。どうする？」

ボスの挑発《ちょうはつ》にムッとしたのか、ティムは突然《とつぜん》、つかまえるのをやめて、大声《おおごえ》で叫《さけ》んだ。

「ママ〜、パパ〜、赤《あか》ちゃんこっちだよ〜！」

「そう？　じゃあ待《ま》ってなさい。今《いま》すぐ行《い》くからね〜」

「助《たす》けを呼《よ》ぶとはな〜。なんたる弱虫《よわむし》だ」

ボスが文句《もんく》を言《い》ったそのすきに、ティムはボスを、サッと抱《だ》っこした。作戦成功《さくせんせいこう》だ。

「やったー！　赤《あか》ちゃんみっけ!!」

そして、裸《はだか》のお腹《なか》にくちびるをつけてブブブブと吹《ふ》いた。

「アキャキャキャキャ」

ボスは、赤《あか》ちゃん声《ごえ》でくすぐったそうに笑《わら》う。ママとパパが隣《となり》の部屋《へや》から姿《すがた》を見《み》せた。

「ティムったら、見事《みごと》な勝利《しょうり》ね。やるじゃない」

「もう一回《いっかい》だ。パパだってみっけしたいよ〜」

両親《りょうしん》の前《まえ》では、ボスはただの赤《あか》ちゃんに戻《もど》らなければならないんだ。そのことを知《し》っている、ティムの頭脳《ずのう》プレーってわけ。

「出社《しゅっしゃ》しないとヤバいんだ。スーツも着《き》ないでこんなことしてる場合《ばあい》じゃないんだが……」

抱《だ》っこされたボスが、ティムの耳元《みみもと》でコソッとささやいた。だけど、ホントは家族《かぞく》みんなでやるかくれんぼがしたいのか、

「もう一回《いっかい》！」

いくよ！　赤《あか》ちゃんかくれんぼ!!


「ばあー、ははは〜！　はっはー！」

パパが楽《たの》しそうに、キッチンテーブルやシンクの下《した》をのぞき込《こ》む。

ボスはハイハイしながら逃《に》げ回《まわ》るけど、ついにママが、発見《はっけん》！

つかまえようとしたとたん、ボスは、思《おも》わず小《ちい》さい手《て》で自分《じぶん》の目《め》を隠《かく》した。いないいないばあをするみたいに……。すると、

「ん〜〜〜〜、あ！　あら、変《へん》ね？　消《き》えちゃった〜」

ママは、姿《すがた》が見《み》えないふりをして、向《む》こうに行《い》ってしまった。もちろん、わざと見《み》えないふりをしただけなんだけど。

「ほ〜、これは透明人間《とうめいにんげん》の術《じゅつ》！」

ママの反応《はんのう》を見《み》たボスは、自分《じぶん》が本当《ほんとう》に見《み》えなくなったと思《おも》ったみたいだ。そんなバカな！　って思《おも》うかもしれないけど、それくらいママの演技《えんぎ》がうまかったってことだね。

「赤《あか》ちゃん……」

お次《つぎ》は、パパだ。ボスをつかまえようと手《て》を広《ひろ》げた瞬間《しゅんかん》、フッといなくなった。

なぜって、横《よこ》からティムが飛《と》び出《だ》して、つかまえて抱《だ》き上《あ》げたからね。

「赤《あか》ちゃん、みっけ!!　いぇ〜い！　ブブブブブ」

「アキャキャキャー！」

お腹《なか》へのくすぐり技《わざ》がよっぽど気《き》に入《い》ったのか、ボスはハッピーな笑《わら》い声《ごえ》をあげている。

「おい、ずるいぞ〜」

パパってば、本気《ほんき》で悔《くや》しがってるみたい。

「ははは……俺《おれ》、マジで会社《かいしゃ》……ははは……もう一回《いっかい》だけ勝負《しょうぶ》だ！」

ボスは、きゃきゃきゃと笑《わら》いながらティムにそっと耳《みみ》打《う》ちする。

ママとティムが捕《つか》まえてブブブブ、最後《さいご》にやっとパパの番《ばん》。

ソファの陰《かげ》に隠《かく》れていたボスをサッと抱《だ》き上《あ》げ、

「赤《あか》ちゃん、みっけ！　はっはーはー！　勝利《しょうり》のファンファーレだ。いいか〜い？　ブブブブ！」

「アキャキャキャー！」

これで家族《かぞく》みんなのお楽《たの》しみが終《お》わった。やっぱり、家族《かぞく》って最高《さいこう》！


さて、ここはベイビー株式会社《かぶしきがいしゃ》。

ボスとティムがこそこそ話《ばなし》をしながら、オフィスに向《む》かうエレベーターに乗《の》っている。

「復唱《ふくしょう》しろ、お前《まえ》の仕事《しごと》は？」

「一緒《いっしょ》だってバレないように、三十秒《さんじゅうびょう》待《ま》ってから出《で》ていく」

「それから？」

「クールにやる？」

「そういうことだ」

家族《かぞく》でかくれんぼしていたから遅《おく》れた、なんて、恥《は》ずかしくて言《い》えない。それが会社《かいしゃ》の人《ひと》たちにバレないように、二人《ふたり》は作戦《さくせん》をたてていたんだ。やがてエレベーターが開《あ》いて、オフィスに到着《とうちゃく》。すると正面《しょうめん》で、白《しろ》いシャツにフレアスカート姿《すがた》の従業員《じゅうぎょういん》が、両手《りょうて》を腰《こし》にあてて待《ま》ちかまえていた。作戦《さくせん》は役《やく》に立《た》たなかったみたいだ。

「ボスがやっと来《き》ましたよー」

怒《おこ》ったように言《い》うと、舌《した》をベーッと出《だ》して逃《に》げていった。

「バラすな。社員《しゃいん》ベイビーのペグ……ん、何《なに》があった？」

ブーッ、ブーッ、ブーッ!!

突然《とつぜん》、オフィス内《ない》で警報《けいほう》ブザーが鳴《な》った。

オフィス正面《しょうめん》を見《み》ると、巨大《きょだい》スクリーンにオレンジ色《いろ》の警告《けいこく》サインが映《うつ》し出《だ》されている。

「事件発生《じけんはっせい》!!　大事件大事件《だいじけんだいじけん》、だいじけーん!!」

画面《がめん》を見《み》ている二人《ふたり》のうしろから、赤《あか》ちゃん用歩行器《ようほこうき》に乗《の》ったメガ・ムチムチ社長《しゃちょう》ベイビーが、わめきながら猛《もう》スピードでやってきた。二人《ふたり》の周《まわ》りをぐるりと一周《いっしゅう》してから、ピタッと止《と》まると、歩行器《ほこうき》に取《と》りつけられたボタンを押《お》す。とたんに、ブザーが鳴《な》りやんだ。

「深刻《しんこく》な脅威《きょうい》が確認《かくにん》された！　現場《げんば》にいるのはボス・ベイビーであるから、本来《ほんらい》は彼《かれ》が気《き》づくべきなんだが、おかしい、やつはどこだ？　……は！　ほー、ボス・ベイビーの姿《すがた》がないぞ。もしかしてこの下《した》か？　いないよー。ボス・ベイビーちゃん、出《で》ておいでー」

「ははははは。ここにいますよ。お気《き》づきでは？」

あいかわらずの嫌《いや》みに、ボスもうんざり。でも、ここはクールに返《かえ》すのがビジネスマン。

「まーな。でも、お前《まえ》どうしたっていうんだよ。仕事《しごと》をしてないってことは、もうお前《まえ》はボスじゃない。だろ？　ボスとはいえないとなれば、それは、ただのベイビーだ」

「実《じつ》はちょっと、取《と》り込《こ》んで……わ！」

うしろからそのやりとりをみていたティムが、突然《とつぜん》ボスをサッと抱《だ》っこ。黒《くろ》いスーツの上《うえ》から、さっきみたいにボスのお腹《なか》に口《くち》を当《あ》ててブブブブとやってみせた。

「いぇい！　赤《あか》ちゃんみっけ!!　フーフーフー」

どうやら、ボスを責《せ》める社長《しゃちょう》ベイビーの気《き》をそらすための、ティムの作戦《さくせん》みたい。だけど、これには社長《しゃちょう》ベイビーや秘書《ひしょ》のマグナス、告《つ》げ口《ぐち》ペグもびっくりして口《くち》をあんぐり。ペグがたまらず「うふふふ」と笑《わら》い出《だ》した。

「これがお前《まえ》のクールか？」

「ハグはクール。ママが言《い》った」

助《たす》かったことは助《たす》かったけど、ボスはちょっと迷惑《めいわく》そう。すぐにティムの腕《うで》から、ぴょんと飛《と》び降《お》りた。

「わぁ！　光《ひか》ってるよ」

ティムは、巨大《きょだい》スクリーンの警告《けいこく》サインに気《き》づいて叫《さけ》んだ。ボスはクールさを取《と》り戻《もど》して、社長《しゃちょう》ベイビーに聞《き》いた。

「それはそうと、深刻《しんこく》な脅威《きょうい》とは？」

「マグナス！　教《おし》えてやれ。ラップ調《ちょう》でな」

巨大《きょだい》スクリーンをバックに、マグナスはラップのリズムで歌《うた》いだした。

♪調査《ちょうさ》チームはキャッチしたYO《ヨー》～

♪不審《ふしん》な動物《どうぶつ》の鳴《な》き声《ごえ》をYO《ヨー》～

♪♪♪

後《うし》ろのスクリーンでは、歌《うた》に合《あ》わせるようにハートが真《ま》っ二《ぷた》つに割《わ》れて、その間《あいだ》にびっくりマークが現《あらわ》れ、ピカピカ点滅《てんめつ》している。

「……以上《いじょう》、わたくしのラップでした」

「YO《ヨー》～、今《いま》の最高《さいこう》。ほ、ほ、ほめちゃう、俺《おれ》。満足《まんぞく》」

社長《しゃちょう》ベイビーはニコニコしながら、太《ふと》った体《からだ》を揺《ゆ》すっている。どうやらラップがお気《き》に入《い》りみたい。ボスは、腕組《うでぐ》みをしてクールに言《い》った。

「不審《ふしん》な動物《どうぶつ》の鳴《な》き声《ごえ》？　は？　そんなんで警戒《けいかい》レベル上《あ》げた？　私《わたし》がそのイヌと話《はな》してきます」

ボスは、ちょっと社長《しゃちょう》ベイビーを見下《みくだ》したように言《い》った。

「早《はや》とちりするな。ワンコだと言《い》ったか？」

社長《しゃちょう》ベイビーに続《つづ》いて、マグナスが大《おお》きな声《こえ》で従業員《じゅうぎょういん》に命令《めいれい》した。

「イヌ科《か》だなんて一言《ひとこと》も言《い》ってないだろーが。例《れい》の声《こえ》を再生《さいせい》して」

ニャーニャー！　ニャーニャー！　ミャーミャー！

オフィスの中央《ちゅうおう》にある音響装置《おんきょうそうち》の再生《さいせい》ボタンを押《お》すと、たくさんのネコの鳴《な》き声《ごえ》がオフィス中《じゅう》に響《ひび》いた。あれ？　鳴《な》き方《かた》がちょっと変《へん》。やけにリズムがそろっている。

従業員《じゅうぎょういん》たちも、気味悪《きみわる》そうに仕事《しごと》の手《て》を止《と》めている。

ニャーニャー！　ニャーニャー！　ミャーミャー！

ボスもなんだか不思議《ふしぎ》に思《おも》っているみたい。

「合唱《がっしょう》？　ありえない。協調性《きょうちょうせい》のないネコが合唱《がっしょう》してる」

「なんて言《い》ってる？」

ティムも不安《ふあん》そう。

「ネコ語《ご》なんか知《し》るかよ。あんな下品《げひん》な言語《げんご》。三《み》つ子《ご》は、通信教育《つうしんきょういく》を受《う》けたよな。訳《やく》せ」

すると、待《ま》っていたかのように、どこからか三《み》つ子《ご》が登場《とうじょう》。いつも神出鬼没《しんしゅつきぼつ》で、それぞれ、緑《みどり》、黄《き》、青色《あおいろ》のつなぎを着《き》ている。三《み》つ子《ご》はすぐにネコ語《ご》を翻訳《ほんやく》した。

「ブー、ツィー、キャリコ。ブー、ツィー、キャリコ」

ネコの合唱《がっしょう》と三《み》つ子《ご》の合唱《がっしょう》が重《かさ》なって、すごく不気味《ぶきみ》な感《かん》じ。

「うわ〜、お願《ねが》い、もうやめて！」

マグナスは耳《みみ》を両手《りょうて》でふさいで、逃《に》げ回《まわ》っている。他《ほか》のみんなもだ。

三《み》つ子《ご》がボタンを押《お》して音声《おんせい》を止《と》めると、ようやく社内《しゃない》が静《しず》かになった。

「誰《だれ》だろう、このブーツィー・キャリコって」

ボスが首《くび》をかしげる。

「とにかくだよ、社《しゃ》の命運《めいうん》はお前《まえ》の手《て》にかかってるんだからな。どうせコケるだろうから、そのときはクビにしてやる。いいなー！」

社長《しゃちょう》ベイビーは、いつもよりさらに上《うえ》から目線《めせん》で、ボスに言《い》った。

「……そんな……」

「じゃ、失礼《しつれい》するよ。次《つぎ》に会《あ》うのはお前《まえ》の葬式《そうしき》のときかもしれんな！　じゃあなー」

早口《はやくち》でまくしたてて、社長《しゃちょう》ベイビーは去《さ》っていった。

「お前《まえ》の葬式《そうしき》には、ギザギザの松《まつ》ぼっくりを贈《おく》ってやるからな」

秘書《ひしょ》のマグナスも社長《しゃちょう》のあとを追《お》いながら怖《こわ》い顔《かお》でこっちに怒鳴《どな》った。

「なんであの子《こ》、いつも怒鳴《どな》るの？」

ティムが不思議《ふしぎ》そうにボスに聞《き》くと、遠《とお》くからマグナスがまた怒鳴《どな》って答《こた》えた。

「事故《じこ》にあったせいで小《ちい》さい声《こえ》が出《だ》せないんだよー！」

どんな事故《じこ》だろう？　謎《なぞ》の多《おお》い秘書《ひしょ》のマグナスのことも気《き》になるが、まずはブーツィー・キャリコの正体《しょうたい》をつきとめるべく、作戦《さくせん》をたてなくちゃ。ボスとティムは、いったん自分《じぶん》たちの家《いえ》に帰《かえ》ることにした。

さっそく、作戦会議《さくせんかいぎ》。部下《ぶか》のステイシーとジンボも呼《よ》ばれた。まずは、ボスが立《た》ち上《あ》がって挨拶《あいさつ》。

「来《き》てくれてありがとう」

「ここ、ぼくんち」

ティムが横《よこ》から口《くち》をはさむけど、それについては、ボスは無視《むし》。

「はぁ……ステイシー、新《あたら》しい敵《てき》について説明《せつめい》しろ」

「わかりました」

ステイシーは、おもちゃの木箱《きばこ》と絵本《えほん》を持《も》ってきた。そして、木箱《きばこ》を床《ゆか》に置《お》くとその上《うえ》にのり、持《も》っていた絵本《えほん》を開《ひら》いて、説明《せつめい》を始《はじ》めた。

「これは、赤《あか》ちゃん。抱《だ》っこしたくなる可愛《かわい》さです。みんな赤《あか》ちゃんをだ〜い好《す》きですよね。愛《あい》され度《ど》ナンバーワン！　子《こ》ワンコはどうでしょう？　子《こ》ワンコも愛《あい》されオーラ抜《ばっ》群《ぐん》！　では、私《わたし》たちの敵《てき》でしょうか？　イエス！　だから、子《こ》ワンコ商事《しょうじ》をつぶした——！」

「いえ〜い」

ジンボが踊《おど》りながらエールを送《おく》る。

「よし、よく言《い》った、ステイシー」

「何《なに》、このミーティング。感《かん》じ悪《わる》い」

ボスも満足《まんぞく》そうだけど、ティムは不満《ふまん》そう。

「ただし、子《こ》ワンコたちは名誉《めいよ》ある敵《てき》だったんです。一方《いっぽう》、子《こ》ニャンコが愛《あい》されオーラを出《だ》す理由《りゆう》はただひとつ。相手《あいて》を油断《ゆだん》させるためです」

ステイシーが次《つぎ》のページをめくると、そこにはキツ〜い目《め》をした極悪《ごくあく》ネコの絵《え》が。

「……ツメで引《ひ》っかいてメチャメチャに！　大混乱《だいこんらん》させて恐怖《きょうふ》！　こんなの来《き》たら、あたしたちみんな破滅《はめつ》しちゃーう!!」

……ひいっ！

ティムとジンボは、あまりの恐《おそ》ろしさに、のけぞった。だって、ステイシーの説明《せつめい》の仕《し》方《かた》が、迫力満点《はくりょくまんてん》で凄《すさ》まじかったから……。

「……以上《いじょう》です」

説明《せつめい》を終《お》えたステイシーは急《きゅう》に冷静《れいせい》になり、ピンクのスカートのすそを持《も》って、プリンセスみたいに、上品《じょうひん》にごあいさつ。

パチパチパチ
「その本《ほん》、誰《だれ》が作《つく》ったの？」

ボスとジンボは拍手《はくしゅ》したけど、ティムは納得《なっとく》していないらしく、拍手《はくしゅ》もなく疑問《ぎもん》をぶつけた。でも、ボスはティムをスルーして、てきぱきと指示《しじ》を出《だ》した。

「じゃ、これから、現場《げんば》チームとして情報収集《じょうほうしゅうしゅう》にあたろう。まず、ブーツィー・キャリコが何者《なにもの》かを突《つ》き止《と》める。ジンボ、ステイシー、しらみつぶしに調《しら》べろ。池《いけ》、路地《ろじ》、七丁目《ななちょうめ》にある毛糸《けいと》の店《みせ》もだ」

「お任《まか》せを」

「りょうかーい」

「……ぼくは、パパとママに聞《き》いてみる」

作戦《さくせん》はどんどん進《すす》んでいく。でも、ティムだけは気《き》が進《すす》まないみたいで、ぐずぐずしている。そんなティムに、ボスはイライラした。

「親《おや》に聞《き》けばなんでも解決《かいけつ》してくれると、本気《ほんき》で思《おも》ってるのか⁉」

「あぁ！」

「ちょっとは成長《せいちょう》しろ！　親《おや》はいつまでもいないぞ」

ボスはたまらず、ティムにお説教《せっきょう》。するとそのとき、下《した》の階《かい》からママとパパの声《こえ》が聞《き》こえてきた。


「あぁ、かわいそうに」

「この子《こ》、ふわふわで気持《きも》ちいいわね。ふるえてる」

なんだろう⁉　ティムとボスは、忍者《にんじゃ》みたいに壁《かべ》ぎわに体《からだ》を寄《よ》せて、忍《しの》び足《あし》で一階《いっかい》の様子《ようす》を見《み》に行《い》った。

階段《かいだん》の下《した》では、パパの腕《うで》に一匹《いっぴき》の子《こ》ネコが抱《だ》かれていて、ママがのぞきこんでいる。

白《しろ》とグレーのつやつやした毛並《けなみ》、青《あお》い首輪《くびわ》にはハート形《がた》のタグがぶら下《さ》がっていた。

それを見《み》たボスの顔《かお》が、みるみる青《あお》くなっていく。

「よせよ……。どうしてだ…なぜ俺《おれ》の家《いえ》に子《こ》ネコが！」

ママとパパは、かわいいお客《きゃく》さんに夢中《むちゅう》だ。

「迷子《まいご》だね。うちに迷《まよ》いこんだんだ」

「でも、変《へん》ね。タグに飼《か》い主《ぬし》も住所《じゅうしょ》も書《か》いてなくって。ただ、ダー・ダー？」

「変《へん》な名前《なまえ》だ」

それを聞《き》くなり、ボスがハッとしてつぶやいた。

「俺《おれ》への挑戦《ちょうせん》か⁉　あのタグに書《か》かれた言語《げんご》は、赤《あか》ちゃん語《ご》だ」

「ほんと？　じゃあわかる？　あの子《こ》ネコの名前《なまえ》」

「ブーツィー・キャリコだ‼」

なんだって！　この子《こ》ネコが、ブーツィー・キャリコ⁉

ティムはびっくりして、息《いき》が止《と》まりそうになった。ベイビー社《しゃ》で聞《き》いた、あの名前《なまえ》だ！

にゃーお♡

ママとパパに首《くび》をコチョコチョされた子《こ》ネコは、気持《きも》ちよさそうにくつろいでいる。

キッチンでは、パパが子《こ》ネコのことを獣医師《じゅういし》に相談《そうだん》していたらしい。

「よかった〜、獣医師《じゅういし》さんが引《ひ》き取《と》り手《て》を探《さが》してくれるそうだ。でも、数週間《すうしゅうかん》かかるから、見《み》つかるまではうちで面倒《めんどう》をみよう。いいよな〜？　ダー・ダーちゃん」

「もちろんよ、そうしましょう。うちではナゲットちゃんよ。かわいすぎて手放《てばな》せなくなりそう」

ママは、子《こ》ネコをやさしくなでながら賛成《さんせい》した。

テーブルでおやつを食《た》べているティムとボスは、両親《りょうしん》の会話《かいわ》を聞《き》きながら、何《なに》やらひそひそ話《ばなし》をしている。ボスがティムにさらに顔《かお》を近《ちか》づけて、こそっと「その獣医師《じゅういし》の病院《びょういん》を知《し》りたい」と耳打《みみう》ちした。

ティムはパパに、無邪気《むじゃき》に聞《き》いた。

「ねぇ！　ちょっと教《おし》えて。その獣医師《じゅういし》さんの病院《びょういん》てどこなの？」

パパから住所《じゅうしょ》を聞《き》き出《だ》すと、ティムとボスはさっそく動物病院《どうぶつびょういん》へ急《いそ》いだ。

「なんで動物病院《どうぶつびょういん》に行《い》くの？　すぐに引《ひ》き取《と》り手《て》を見《み》つけるように、頼《たの》むとか？」

ティムが、自転車《じてんしゃ》をこぎながら聞《き》いた。自転車《じてんしゃ》の前《まえ》かごには、ボスが乗《の》っている。

「ん？　ちがうちがう。単《たん》なるウサばらしだ」

動物病院《どうぶつびょういん》に到着《とうちゃく》すると、さっそく中《なか》に入《はい》る。獣医師《じゅういし》は机《つくえ》に向《む》かって何《なに》かを書《か》いていた。チョウの羽《はね》みたいな形《かたち》の黒《くろ》ぶちの眼鏡《めがね》をかけ、鼻《はな》の下《した》にはちょびひげが生《は》えている。

ボスは背後《はいご》からこっそり近《ちか》づくと、哺乳瓶《ほにゅうびん》で獣医師《じゅういし》の頭《あたま》をポカリ！

「あお！」

殴《なぐ》られた獣医師《じゅういし》は、机《つくえ》に突《つ》っ伏《ぷ》してダウンしてしまった。ボスが叫《さけ》ぶ。

「天罰《てんばつ》だ！」

獣医師《じゅういし》を殴《なぐ》ってウサばらしをしたボスは、家《いえ》に帰《かえ》ってさっそくミーティングを始《はじ》めた。

ベイビー社《しゃ》のオフィスからは、通信機《つうしんき》を通《とお》して、社長《しゃちょう》ベイビーも参加《さんか》している。ボスは集《あつ》めた情報《じょうほう》を、社長《しゃちょう》ベイビーに興奮《こうふん》しながら報告《ほうこく》した。

「残《のこ》る疑問《ぎもん》は、たったひとつです。どういうわけで、あのブーツィー・キャリコは、うちにきたんでしょうか。答《こた》えは、ネコちゃんゆりかご作戦《さくせん》という、よくある手《て》です。赤《あか》ちゃんを追《お》い出《だ》し、そこへニャンコを入《い》れる。あの、ブーツィーは私《わたし》のうちへ来《き》て、私《わたし》に代《か》わろうとしてる」

「はっはー！　つまりなんだ？　お前《まえ》、会社《かいしゃ》には遅刻《ちこく》するわ、うちの居場所《いばしょ》はニャンコにとられるわ、って状態《じょうたい》なわけか？　はっ！　そんなやつ、ボス失格《しっかく》じゃん。しかも、まともな赤《あか》ちゃんともいえない。なーっはっはー！　泣《な》きついてもいいんだぜ。押《お》しも押《お》されもせぬタフなベイビーによ。この、俺様《おれさま》みたいな」

社長《しゃちょう》ベイビーは、ボスのピンチを喜《よろこ》んでいるかのように、強力《きょうりょく》な嫌《いや》みを繰《く》り出《だ》した。でも、ボスはそんなこと、気《き》にもしていない様子《ようす》でクールに返《かえ》す。

「いいえ。それより、今度《こんど》のミーティングで私《わたし》の大勝利《だいしょうり》を報告《ほうこく》しますよ。ってことで、失《しっ》礼《れい》。電話《でんわ》は先《さき》に切《き》った方《ほう》が、勝《か》ち。……ジンボ！」

通信機《つうしんき》を持《も》つジンボに、タイミングよく切《き》るよう合図《あいず》したのに――、ジンボがモタモタしているうちに、「俺《おれ》の勝《か》ち～」社長《しゃちょう》ベイビーに言《い》われ、先《さき》に切《き》られてしまった。

「があ～!!　ジンボ！　切《き》るのが遅《おそ》い！　合図《あいず》したのに！」

ボスは悔《くや》しくて叫《さけ》んだけど、のんびりジンボは、今《いま》、ようやく〝切《きり》〟のボタンを押《お》した。

「……なんだよー、今《いま》さら遅《おそ》い！　ふぅー！　もういい、任務《にんむ》は決《き》まった。ガチの勝負《しょうぶ》だ。ニャンコなら、相手《あいて》に不足《ふそく》はない。この戦《たたか》いで思《おも》い知《し》らせてやる。今《いま》も、赤《あか》ちゃんがナンバーワンだってことをな」

さあ、戦闘開始《せんとうかいし》だ。ボスは、気合《きあ》いを入《い》れるために、黒《くろ》ネクタイをきゅっと締《し》めた。


ペロペロペロペロ……

テンプルトン家《け》のキッチンでは、テーブルの上《うえ》で子《こ》ネコが深皿《ふかざら》に入《はい》ったミルクを飲《の》んでいた。そこへボスが、ベビーチェアにすわって登場《とうじょう》。子《こ》ネコに詰《つ》めよった。

「おい、俺《おれ》んちに上《あ》がりこむとは、いい気《き》なもんだな。俺《おれ》への愛《あい》を盗《ぬす》む、とんでもないね。そんなことは俺《おれ》はさせない。出《で》てくのは、俺《おれ》じゃない。俺《おれ》がお前《まえ》を、追《お》い出《だ》してやる！勝《か》つか、負《ま》けるか、だ。一歩《いっぽ》でも先《さき》に、この家《いえ》から出《で》た方《ほう》が、永遠《えいえん》に、去《さ》る」

子《こ》ネコへの、宣戦布告《せんせんふこく》ってやつだ。

「なんだって!?　勝負《しょうぶ》なんてバカげてる。なんでそんな賭《か》けをするわけ？」

そばで聞《き》いていたティムは、あきれた。目《め》の前《まえ》にいるのは、かわいい子《こ》ネコちゃん。ボスはいつだって勝負《しょうぶ》にこだわりすぎるんだ。

「俺《おれ》が負《ま》けるとでも？」

「そんなこと、言《い》ってない！」

言《い》い争《あらそ》っている二人《ふたり》を、子《こ》ネコは真《ま》ん丸《まる》の目《め》で見上《みあ》げ、みゃお、みゃおと鳴《な》いた。何《なに》か言《い》いたそう。でも、ネコ語《ご》がわかるのは三《み》つ子《ご》だけ。何《なに》を言《い》っているのかわからない。

「正直《しょうじき》お前《まえ》が、勝負《しょうぶ》すると言《い》ってんのか、威嚇《いかく》してるのか、わからん」

「みゃお」

「そうか、勝負《しょうぶ》するか。決《き》まり。それでは、賭《か》けは成立《せいりつ》だ」

自分《じぶん》の勝利《しょうり》を確信《かくしん》してるボスが、自信《じしん》たっぷりにそう言《い》っているそばから、ジンボは敵《てき》の子《こ》ネコを、つい、なでなで。

「ジンボ！　そんなニャンコ、なでるんじゃない!!」

「ごめん、ボス」

ジンボは、なごりおしそうに子《こ》ネコから離《はな》れる。

「でも、どうやって追《お》い出《だ》すんです？」

「俺《おれ》は、赤《あか》ちゃんだぞ、ステイシー。で、あいつはただのペット。親《おや》に簡単《かんたん》な選択《せんたく》をさせればいい。どっちを、より、愛《あい》してるか」

心配《しんぱい》そうなステイシーに、ボスは自信《じしん》たっぷりに答《こた》えた。

さあ、ボスVS《ブイエス》子《こ》ネコの戦《たたか》いの始《はじ》まりだ。一歩《いっぽ》でも先《さき》にこの家《いえ》から出《で》た方《ほう》が、永遠《えいえん》にこの家《いえ》から去《さ》らなくてはならない。

第一《だいいち》ラウンドは、一階《いっかい》のリビングで。ママとパパが、子《こ》ネコをかまっている。

「みゃお♡」

とびきりかわいい顔《かお》をする子《こ》ネコに、二人《ふたり》ともメロメロ。

「お〜……うふふ」

「よしよし」

頭《あたま》をなでたり、お腹《なか》をコチョコチョしたり、かわいくてたまらないみたいだ。

それを物陰《ものかげ》からのぞいていたボス。ママとパパの前《まえ》にサッと躍《おど》り出《で》ると、おすわりしておしゃぶりをくわえたり、コロンと転《ころ》がったりと、きゃきゃきゃきゃっと笑《わら》い、思《おも》いっきりかわいらしいポーズでアピールした。

「二人《ふたり》ともかわいい！　どっちを抱《だ》っこしようかな」

ママがどっちも選《えら》べなくて迷《まよ》っていると、パパが「同時《どうじ》にしよう！」と叫《さけ》んで、赤《あか》ちゃんを抱《だ》き上《あ》げた。

ママは、子《こ》ネコを抱《だ》いてほっぺをすりすりしている。

「うぅ〜ん」

どうやら、引《ひ》き分《わ》けみたい。


第二《だいに》ラウンドは、キッチンだ。

子《こ》ネコがミルクを飲《の》み始《はじ》めたとたん、ボスが子《こ》ネコを突《つ》きとばした。

「あら、ダメよ！」

ふざけて子《こ》ネコと遊《あそ》んでいる赤《あか》ちゃんをアピールしようと、ボスは無邪気《むじゃき》に笑《わら》ってみたけど、どうやら失敗《しっぱい》。ママは床《ゆか》に転《ころ》げ落《お》ちた子《こ》ネコを抱《だ》き上《あ》げると、ボスにきっぱりと注《ちゅう》意《い》した。ふてくされるボス。

第二《だいに》ラウンドは、子《こ》ネコの勝《か》ち、だ。

第三《だいさん》ラウンドは、ふたたびリビング。

子《こ》ネコが毛糸玉《けいとだま》にじゃれて遊《あそ》んでいるところに、ボスはハイハイして近《ちか》づく。そして、いきなり子《こ》ネコを指《ゆび》さして「わーん」と泣《な》き出《だ》した。子《こ》ネコが、自分《じぶん》の毛糸玉《けいとだま》を取《と》った、とでもいうように。それを見《み》たパパは、

「この子《こ》ネコちゃんに、赤《あか》ちゃんがやきもち焼《や》いてるんじゃないかな」

「やだ、かわいい♡　ね、写真撮《しゃしんと》ろ？」

パチリ！

ママもそれにのってしまい、「子《こ》ネコに意地悪《いじわる》されたんですアピール作戦《さくせん》」は思《おも》いどおりにはいかなかった。結局《けっきょく》、ブスッとしている赤《あか》ちゃんと、楽《たの》しそうに毛糸玉《けいとだま》で遊《あそ》んでいる子《こ》ネコの写真《しゃしん》が撮《と》られてしまった。

第三《だいさん》ラウンドも、子《こ》ネコが優勢《ゆうせい》。

「思《おも》ったより、手《て》ごわいな」

子《こ》ネコを遠巻《とおま》きにして、ボス、ティム、ステイシー、ジンボの四人《よにん》は、子《こ》ネコに勝《か》つた

めに、もう一度作戦会議《いちどさくせんかいぎ》を始《はじ》めた。

「ああやって、大人《おとな》に取《と》り入《い》るんです。私《わたし》たちを油断《ゆだん》させて寝《ね》こみを襲《おそ》うに違《ちが》いない」

ステイシーは憎《にく》らしそうに言《い》うと、手《て》を首《くび》に当《あ》て、「くぅぅぅ」と真横《まよこ》にスライドさせた。

「パパとママに、相談《そうだん》した方《ほう》がいいよ」

ティムは、両親《りょうしん》に正直《しょうじき》に伝《つた》えることを提案《ていあん》した。子《こ》ネコだってかわいそうだし、ボスがなぜこんなに困《こま》っているか、パパとママにも伝《つた》えたいと思《おも》ったから。

「テンプルトン、仮《かり》にそうしたいと思《おも》ったとしても、無理《むり》だ。ベイビー株式会社《かぶしきがいしゃ》の存在《そんざい》がバレてしまう。わが社《しゃ》が表《おもて》で活動《かつどう》しないのには、わけがある」

ボスは、ベイビー社《しゃ》が表立《おもてだ》って活動《かつどう》しない理由《りゆう》を話《はな》しだした。

「実《じつ》は数年前《すうねんまえ》、ピッツバーグでモニタリングしたんだよ。親《おや》たちにベイビー株式会社《かぶしきがいしゃ》の実《じっ》態《たい》を伝《つた》えたところ、彼《かれ》らの脳《のう》の回路《かいろ》は、激安《げきやす》オムツのテープみたいにブチ切《き》れたんだ！」

「えー！　大変《たいへん》!!」

「あぁ、彼《かれ》らには楽《らく》な政府《せいふ》の仕事《しごと》を見《み》つけてやった」

そう、このできごとはベイビー株式会社《かぶしきがいしゃ》の黒歴史《くろれきし》といっていいかもしれない。

選《えら》ばれた一組《ひとくみ》の夫婦《ふうふ》の家《いえ》に送《おく》られた二人《ふたり》の赤《あか》ちゃん調査員《ちょうさいん》が、イラストやグラフを使《つか》って本当《ほんとう》のことを洗《あら》いざらい話《はな》したのだ。特別《とくべつ》な赤《あか》ちゃんがいて、特別《とくべつ》な任務《にんむ》についていることや、飲《の》んでいると大人《おとな》の体《からだ》にならないスーパーミルクのこともぜーんぶ。

夫婦《ふうふ》はあまりにもビックリしたせいで、何《なに》が本当《ほんとう》で何《なに》がウソなのか、わからなくなってしまったらしい。自分《じぶん》たちの大切《たいせつ》な赤《あか》ちゃんが、赤《あか》ちゃんではないだって？　そんなバカなこと、あるわけがない。でも、目《め》の前《まえ》の赤《あか》ちゃん調査員《ちょうさいん》を見《み》れば、信《しん》じるしかない。

二人《ふたり》は、脳《のう》の回路《かいろ》がこんがらがってしまったらしく、「はらほれはらふれ〜」とよくわからない言葉《ことば》を発《はっ》したと思《おも》ったら、頭《あたま》がフラフラ、体《からだ》もフラフラになっちゃった。

責任《せきにん》を感《かん》じたベイビー株式会社《かぶしきがいしゃ》は、これまでの仕事《しごと》ができなくなった夫《おっと》に新《あたら》しい仕事《しごと》を用意《ようい》した。それが、楽《らく》な政府《せいふ》の仕事《しごと》。つまり、こんな仕事《しごと》。

議会《ぎかい》での演説会場《えんぜつかいじょう》。今《いま》まさに、次《つぎ》の演説《えんぜつ》が始《はじ》まろうとしている。議長《ぎちょう》の声《こえ》が響《ひび》く。

「ペンシルベニア州選出《しゅうせんしゅつ》の上院議員《じょういんぎいん》、話《はな》したまえ」

現《あらわ》れたのは、頭《あたま》も体《からだ》もフラフラになってしまった夫《おっと》。檀上《だんじょう》に立《た》つと、

「はらほろひれはろ～」

と、よくわからない言葉《ことば》で話《はな》しだした。最後《さいご》には手《て》に持《も》った演説原稿《えんぜつげんこう》を口《くち》にくわえてしまった。でも、聞《き》いている人《ひと》たちは大《おお》ウケ。ワーッと歓声《かんせい》があがり、パチパチパチと大《おお》きな拍手《はくしゅ》が起《お》こる。そう、何《なに》を言《い》ってもOK《オーケー》な政治家《せいじか》ぐらいしか務《つと》まらないほど、フニャフニャになってしまったってこと。

つまり、ボスは大切《たいせつ》な家族《かぞく》のママとパパを守《まも》りたいんだ。彼《かれ》らみたいにさせないために。

「……パパとママを巻《ま》き込《こ》むな。俺《おれ》の仕事《しごと》だ。さぁ、どうすればあのニャンコを、家《いえ》から追《お》いだせる？　アイデアは、ジンボ？」

「うはははは。ニャンコちゃん」

「ダメだ、こりゃ。次《つぎ》、ステイシー！」

「物《もの》を壊《こわ》して、ニャンコのせいにしては？」

「それだ！　そういうアイデアがいるんだ。ステイシーに、ごほうびシールな」

自分《じぶん》たちで、なんとか子《こ》ネコを追《お》いだすんだ。

「思《おも》いついたのは、あの子《こ》ネコのおかげですけど」

ステイシーが指《ゆび》さした先《さき》には……子《こ》ネコが、「みゃお」と鳴《な》いて、デスクの上《うえ》の電気《でんき》スタンドを押《お》し倒《たお》した！

ガシャン！

音《おと》は、隣《となり》の部屋《へや》のママにも聞《き》こえたようだ。

「ティム？　なんの音《おと》？」

「……は！　なんでもなーい！　うわぁ！」

ティムが電気《でんき》スタンドを元《もと》に戻《もど》すと、子《こ》ネコはその間《あいだ》に、今度《こんど》は壁《かべ》の収納《しゅうのう》ラックに並《なら》べてある本《ほん》、トロフィー、地球儀《ちきゅうぎ》、プランターと手当《てあ》たり次第《しだい》に叩《たた》き落《お》とした。

ガチャン、ガチャン、ガチャン！

「なんの騒《さわ》ぎだい？」

今度《こんど》は、パパの声《こえ》。

「テレビの音《おと》だよー!!　……はっ！」

まずい！　今度《こんど》はパパの大好《だいす》きなテレビを棚《たな》から押《お》し出《だ》した。テレビは今《いま》、壁《かべ》のコンセントにささった電源《でんげん》コードだけで落下《らっか》に耐《た》えている！

子《こ》ネコは、ニタッと笑《わら》うと鋭《するど》い爪《つめ》で、電源《でんげん》コードをプツンと切《き》った。

「やめろぉ……」

ボスも必死《ひっし》で止《と》めたが、遅《おそ》かった。

ガッシャ――――ン！！！

テレビは床《ゆか》に落《お》ち、画面《がめん》はこなごなに割《わ》れてしまった。

「ティムー!?」

ママとパパが同時《どうじ》に呼《よ》ぶ。

「にゃーお」

子《こ》ネコは、その場《ば》から逃《に》げていった。それを見《み》て、ボスはあわてた。

「テンプルトン、悪《わる》いが、俺《おれ》は関《かか》われない。追《お》いだされたら、終《お》わりなもんで。あとは、よろしく頼《たの》む」

「なに!?」

ボスはリビングの隅《すみ》のプランターの陰《かげ》に隠《かく》れてしまった。

タイミング悪《わる》く、そこにママとパパが現《あらわ》れた。二人《ふたり》は、めちゃめちゃになったリビングを見《み》て、呆然《ぼうぜん》。壊《こわ》れたテレビに気付《きづ》いたパパが、泣《な》きそうな顔《かお》で走《はし》り寄《よ》った。

「そんな―――！　ああああーやだ―――！」

テレビを抱《だ》きかかえると、本当《ほんとう》に泣《な》いちゃった。

「ティモシー・レズリー・テンプルトン!!」

フルネームで呼《よ》ぶときは、ママが最高《さいこう》に怒《おこ》ったとき。

「ぼくがやったんじゃないよ！　子《こ》ネコだよ」

「ええ!?　子《こ》ネコちゃんがリビングで、フットボールしたっていうの!?」

「はあ？」

ティムの足《あし》もとに、今《いま》までなかったボールがひとつコロコロと転《ころ》がってきた。ドアの陰《かげ》から子《こ》ネコがこっそりと顔《かお》を出《だ》して、立《た》ち去《さ》った。あの子《こ》ネコ、ティムがリビングでフットボールをしたことに仕組《しく》んだのだ。

「お仕置《しお》きのことは、あとで話《はな》すから。ちょっとの間《あいだ》、外《そと》に出《で》てなさい。外《そと》ならどんなに暴《あば》れてもいい」

プランターの陰《かげ》でボスがティムに向《む》かって手《て》を合《あ》わせ、小声《こごえ》で一言《ひとこと》。

「ありがと」

一人《ひとり》で罪《つみ》を背負《せお》ってくれたティムへの、感謝《かんしゃ》の気持《きも》ちだった。

「弟《おとうと》も連《つ》れていくのよ。割《わ》れたガラスを踏《ふ》んだら、大変《たいへん》だわ」

「外《そと》だって？　そんな……俺《おれ》の負《ま》けだ」

ママの言葉《ことば》にボスはしょんぼりとうなだれた。何《なに》しろ、先《さき》に一歩《いっぽ》でも外《そと》に出《で》たら、負《ま》けなのだ。ティムは、ボスを抱《だ》っこして玄関《げんかん》のドアの前《まえ》までいき、ボスをおろして言《い》った。

「勝負《しょうぶ》のことなんか、忘《わす》れたら？　キミが出《で》ていくことなんか、ない」

「そいつは、ダメだ。ルールは守《まも》る。最初《さいしょ》に出《で》たら、負《ま》けなんだよ。俺《おれ》の言葉《ことば》に、二言《にごん》はない」

ボスがきっぱりと言《い》うと、子《こ》ネコがトコトコとやってきた。自分《じぶん》の勝《か》ち、とでもいうように「にゃお、にゃお」と鳴《な》いた。

「ブーツィー・キャリコ！　到底《とうてい》好《す》きにはなれん。でも、戦《たたか》いぶりは、認《みと》めてやろう」

子《こ》ネコは嬉《うれ》しそうにボスの方《ほう》に近《ちか》づいて、玄関《げんかん》マットの上《うえ》に乗《の》った。そのとたん、

「……今《いま》だ！！！」

ボスの合図《あいず》と同時《どうじ》に、近《ちか》くに隠《かく》れていたステイシーとジンボが現《あらわ》れ、二人《ふたり》で玄関《げんかん》マットの両端《りょうはし》を持《も》つと、子《こ》ネコを乗《の》せたまま、外《そと》に思《おも》いっきり放《ほう》り出《だ》した。

「みゃぁぁぁぁ！！！」

子《こ》ネコは魔法《まほう》のじゅうたんに乗《の》ったみたいに、ひゅーんと飛《と》んで、玄関《げんかん》の先《さき》の通路《つうろ》に、ぽすんと落《お》ちた。

「最初《さいしょ》に出《で》たら、負《ま》けー！　やりぃ、俺《おれ》の勝《か》ちだ！」

腕組《うでぐ》みをしたボスがすました顔《かお》で勝利《しょうり》を宣言《せんげん》。

「いえーい」

ステイシーとジンボも跳《と》び上《あ》がって喜《よろこ》んでいる。目《め》にもとまらぬはやわざっていうのは、こういうことをいうんだろう。ティムも嬉《うれ》しそうに言《い》う。

「ぼくが叱《しか》られたから、勝《か》てたんだよね」

「まぁ、そういうこと」

みんながホッとしていると、さっきの戦《たたか》いを忘《わす》れたかのように、すずしい顔《かお》をして、子《こ》ネコがトコトコと近《ちか》づいてきた。

「にゃお、にゃお」

「しおらしくなったな。いいことだ。握手《あくしゅ》で、キレイに別《わか》れよう。……ん？」

玄関前《げんかんまえ》にいたボスが子《こ》ネコに近《ちか》づいていった、そのとき、屋根《やね》の上《うえ》からテレビのアンテナがびゅーんと降《ふ》ってきた。

ハッ！

ボスは気《き》づいたけど、体《からだ》が動《うご》かない。このままではアンテナが直撃《ちょくげき》……と思《おも》った瞬間《しゅんかん》、

「ボス！！！」

ジンボがボスに飛《と》びかかり、体《からだ》ごとはじき飛《と》ばして、間一髪《かんいっぱつ》で逃《のが》れた。いつものろまなジンボが、重大《じゅうだい》な場面《ばめん》でボスのピンチを救《すく》ったんだ。すごいぞ、ジンボ！

「やめてよ！　くだらない争《あらそ》いは終《お》わったろ？　ぼくの弟《おとうと》の勝《か》ちだ」

争《あらそ》いにうんざりしたティムが言《い》う。ティムは根《ね》っからの平和主義者《へいわしゅぎしゃ》。争《あらそ》いごとが大《だい》の苦手《にがて》なのだ。だけど、子《こ》ネコは知《し》らん顔《かお》して、前足《まえあし》をペロリとなめた。そのしぐさに、ボスが何《なに》か気《き》づいた。

「仲間《なかま》がいるな⁉　ニャンコがそうまでするとは。単《たん》に俺《おれ》を、家《いえ》から追《お》い出《だ》したいんじゃない。この俺《おれ》を、破滅《はめつ》させるために来《き》たな‼」

ティムとステイシーに、緊張《きんちょう》が走《はし》った。でも、ジンボといったら……敵《てき》の子《こ》ネコを、またなでなでしている。

「ジンボ、やめないか！」

「ふわふわしてるもんで、つい……」

そう、ジンボはふわふわに目《め》がない。どんなにボスに怒《おこ》られても、ふわふわしているものを、ついなでなでしちゃうみたいだ。

「にゃん！」

おとなしくなでられていた子《こ》ネコだったけど、突然《とつぜん》、爪《つめ》を立《た》てると恐《おそ》ろしい目《め》つきになった。今《いま》にも、誰《だれ》かに襲《おそ》いかかりそうだ。その殺気《さっき》を感《かん》じて、ボスが叫《さけ》ぶ。

「配置《はいち》につけ！」

ティム、ステイシー、ボスの三人《さんにん》は、庭《にわ》の木立《こだち》にサッと隠《かく》れて、様子《ようす》をうかがう。ジンボは頭《あたま》に植木鉢《うえきばち》を乗《の》せて、隠《かく》れたつもりになった。

「ボス、どうします？」

「その前《まえ》に…」

ボスの姿《すがた》がスッと消《き》えたかと思《おも》うと、あっという間《ま》に、あの動物病院《どうぶつびょういん》に到着《とうちゃく》。何《なに》も気《き》がつかない獣医師《じゅういし》の背後《はいご》に回《まわ》ると、哺乳瓶《ほにゅうびん》で頭《あたま》をバコーン！

「あう！」

「ざまあみろ！」

獣医師《じゅういし》は倒《たお》れ込《こ》み、ウサばらしをすませたボスは、哺乳瓶《ほにゅうびん》でミルクをちゅぱちゅぱ。それから、あっという間《ま》にまた元《もと》の場所《ばしょ》に戻《もど》ると、

「スッとした。待《ま》たせたな。それで、あのニャンコのことはどうする？」

どうやらウサばらしで冷静《れいせい》さを取《と》り戻《もど》したらしいボスは、庭《にわ》の茂《しげ》みに隠《かく》れている三人《さんにん》と作戦会議《さくせんかいぎ》を始《はじ》めた。

最初《さいしょ》に意見《いけん》を述《の》べたのは、ステイシーだった。

「託児所《たくじしょ》で、ある男子《だんし》に追《お》い回《まわ》されたとき、その子《こ》のことをすべり台《だい》のてっぺんに呼《よ》び出《だ》したんです。その子《こ》は、すべり台《だい》で待《ま》ちぼうけ。だって、あたしはお部屋《へや》にいたから。そ

してそいつのお弁当箱《べんとうばこ》に、ムカデを詰《つ》めてやったの。んふふふふ」

「それ、使《つか》えないし、キミ、怖《こわ》すぎ」

「いいと思《おも》ったのにな」

ステイシーの過激《かげき》すぎる意見《いけん》に、みんなもドン引《び》き。ボスはティムに別《べつ》の意見《いけん》を聞《き》くことにした。

「テンプルトンは、夢想家《むそうか》だよな。アイデアを頭《あたま》に描《えが》け」

「いいよ、やらせて」

ティムは、大好《だいす》きな想像《そうぞう》ごっこを始《はじ》めた。


「ぼくらは今《いま》、違《ちが》う星《ほし》にいる。怪物《かいぶつ》に襲《おそ》われて、洞《どう》くつに逃《に》げこんだんだ。目《め》の前《まえ》には宇《う》宙《ちゅう》ジャングルの王《おう》・スタータイガーが、迫《せま》ってる。武器《ぶき》はおろか、道具《どうぐ》さえない。酸素《さんそ》はもうすぐなくなっちゃうし、出口《でぐち》には、タイガーがいる」

青《あお》い宇宙服姿《うちゅうふくすがた》のティムと、赤《あか》い宇宙服姿《うちゅうふくすがた》のボスは、洞窟《どうくつ》の岩《いわ》の陰《かげ》に隠《かく》れていた。洞窟《どうくつ》の中《なか》は、ところどころ灯《あか》りがともっているけど、薄暗《うすぐら》い。

灯《あか》りに照《て》らされたスタータイガーの影《かげ》が、洞窟《どうくつ》の壁《かべ》に不気味《ぶきみ》に映《うつ》っている。長《なが》くとがって牙《きば》みたいに見《み》えるのは、ごわごわした体毛《たいもう》だろう。鎌《かま》みたいな手《て》は人間《にんげん》を簡単《かんたん》に切《き》り裂《さ》けそうだ。

こんな怪物《かいぶつ》を相手《あいて》に戦《たたか》って脱出《だっしゅつ》するなんて、とてもできそうもない。

「スペースママ、スペースパパ、助《たす》けて！」

「もちろん、助《たす》けるわ！」

「もちろん、助《たす》けるよ！」

ティムが助《たす》けを呼《よ》ぶと、そこには宇宙服《うちゅうふく》を着《き》たママとパパが立《た》っていた。

ママがボスを、パパがティムを抱《だ》きかかえると、二人《ふたり》はスーパーウーマンとスーパーマンみたいに空《そら》を飛《と》んで、無事《ぶじ》に脱出《だっしゅつ》に成功《せいこう》した。

……これで、想像《そうぞう》ごっこは終了《しゅうりょう》。

「また、親頼《おやだの》み？」

ボスは、やれやれという顔《かお》になった。でも、今度《こんど》はティムも強気《つよき》だ。

「パパとママを呼《よ》ぶべきだよ！」

「どうして⁉」

「子《こ》どもは、そうするもんなの！　子《こ》どもどころか、キミなんか、まだ、赤《あか》ちゃんじゃないか！」

ティムの剣幕《けんまく》に、ボスはしゅんとなって目《め》を伏《ふ》せる。そんなボスを見《み》て、ティムは少《すこ》しだけ胸《むね》がチクリとした。

「……あ、ごめんね。ちょっと、言《い》いすぎたかも」

「ステイシー、ジンボ」

ボスが低《ひく》い声《こえ》で言《い》うと、ステイシーとジンボは、すばやくティムをつかまえた。そして、庭《にわ》に置《お》いてあるソファのところまで引《ひ》きずっていき、ティムの右手《みぎて》に手錠《てじょう》をかけると、手《て》錠《じょう》のもう片方《かたほう》をソファのひじかけにつないだ。

「……はぁ～あ、すまん、テンプルトン。お前《まえ》を巻《ま》きこむんじゃなかった。俺《おれ》の戦《たたか》いだ。ステイシー、ジンボ。おつとめご苦労《くろう》だった」

ソファはずっしりと重《おも》くて、ティムが力《ちから》いっぱい引《ひ》っ張《ぱ》っても、びくともしない。だけど、それでもティムは、あきらめない。

「待《ま》ってよ！　どうするつもり⁉」

「あのニャンコ野郎《やろう》を、つかまえに行《い》く。シュワッ……」

ボスはステイシーが投《な》げてよこした茶色《ちゃいろ》の巾着《きんちゃく》をつかむと、庭《にわ》へと一目散《いちもくさん》に駆《か》けだした。

この巾着《きんちゃく》の中《なか》には、さまざまなお役立《やくだ》ち道具《どうぐ》が入《はい》っている。

戦《たたか》いが始《はじ》まった。ボスは、巾着《きんちゃく》から出《だ》したおとりの毛糸玉《けいとだま》を芝生《しばふ》に転《ころ》がした。

子《こ》ネコが現《あらわ》れ、毛糸玉《けいとだま》にじゃれるのを、じっと待《ま》っている。

と、そこへ、ボスめがけてマウンテンバイクが猛《もう》スピードで襲《おそ》いかかる。

「うわっ」

とっさに身《み》をひるがえし、くるくると回《まわ》って受《う》け身《み》をとるボス。

その様子《ようす》を、木《き》の陰《かげ》から子《こ》ネコがじっと見《み》ている。ボスはゴミ箱《ばこ》の後《うし》ろに身《み》を隠《かく》し、反《はん》撃《げき》のチャンスをうかがった。そのとき、「ニャー」と子《こ》ネコの声《こえ》がして、ぶっといタイヤが、くるはずのない方向《ほうこう》からボスを狙《ねら》って転《ころ》がってきた。

「だわあー」

タイヤは、ものすごい勢《いきお》いでゴミ箱《ばこ》をなぎ倒《たお》した。転《ころ》がるボス。危《あぶ》ないところだったが、なんとかよけられた。

そんなボスのすぐ脇《わき》の柵《さく》の上《うえ》を、子《こ》ネコはタタタタッと歩《ある》いていく。自信《じしん》たっぷりの様子《ようす》。敵《てき》は手《て》ごわい。あの手《て》この手《て》で攻《せ》めてくる。次《つぎ》はどんな手《て》を使《つか》うつもりだろう。

ボスが危険《きけん》な目《め》にあっているころ、ティムは、ソファから手錠《てじょう》を外《はず》そうともがいていた。

「ママ〜〜〜〜！　パパ〜〜〜〜！　ママ〜〜〜〜！　パパ〜〜〜〜！」

思《おも》いっきり大《おお》きな声《こえ》でママとパパに助《たす》けを求《もと》めたけど、二人《ふたり》とも気《き》がついてくれない。

だって、ママはリビングを掃除機《そうじき》でお掃除《そうじ》していたし、その側《そば》で、パパは悲《かな》しい顔《かお》をして、壊《こわ》れたテレビに紙《かみ》を貼《は》っていた。紙《かみ》には、フットボールの試合《しあい》の様子《ようす》が描《か》いてある。テレビが壊《こわ》れたせいで、楽《たの》しみにしていた試合《しあい》を観《み》られなくなり、よっぽど残念《ざんねん》だったらしい。

「ママたちったら〜〜〜〜！」

でも、いくら呼《よ》んでも助《たす》けにきてくれない。想像《そうぞう》ごっこのスペースママとスペースパパとは大違《おおちが》いだ。

そして、ティムはやっと気《き》づいたんだ。親頼《おやだの》みじゃダメなんだってことを。ボスを助《たす》けられるのは、自分《じぶん》しかいないんだ！

「待《ま》っててー！　今行《いまい》くからーーー！」

ティムはありったけの力《ちから》をふりしぼった。手錠《てじょう》の鎖《くさり》が切《き》れないなら、ソファごとボスのところに行《い》くしかない！　そして、重《おも》いソファを引《ひ》きずりながら、ボスの方《ほう》へ向《む》かった。

ボスは庭《にわ》の木《き》に登《のぼ》り、双眼鏡《そうがんきょう》で子《こ》ネコの居場所《いばしょ》を探《さが》していた。巾着袋《きんちゃくぶくろ》から出《だ》したピエロのおもちゃを側《そば》に置《お》いている。今《いま》のところは、こっちがやられっぱなし。なんとかしなくっちゃ。〝ボス・ベイビー〟の評判《ひょうばん》が地《ち》に落《お》ちてしまう。
そこに、子《こ》ネコがあたりの様子《ようす》をうかがいながら、用心深《ようじんぶか》く歩《ある》いてくる。ボスはピエロのおもちゃのお腹《なか》のヒモを引《ひ》っ張《ぱ》り、そのヒモを伝《つた》って木《き》から静《しず》かに降《お》りて、子《こ》ネコの真後《まうし》ろに立《た》った。ヒモを離《はな》すと、ヒモはするすると巻《ま》き戻《もど》っていき、同時《どうじ》に木《き》の上《うえ》のピエロから音声《おんせい》が。
キミの新《あたら》しいお友《とも》だちだよ、うふふふふ
ヤバッ！　音声《おんせい》が出《で》るなんて、想定外《そうていがい》だ。子《こ》ネコがハッと振《ふ》り返《かえ》った。

ボスと、子《こ》ネコがいよいよ正面対決《しょうめんたいけつ》だ。すかさず、子《こ》ネコは爪《つめ》を立《た》てて戦闘《せんとう》モードに。対《たい》するボスは、なぜか余裕《よゆう》の表情《ひょうじょう》。

「姿《すがた》が見《み》えなきゃ、殺《ころ》せまい。さあ、消《き》えるぞ。透明人間《とうめいにんげん》!!」

ボスはおもむろに両手《りょうて》を目《め》にあてた。そう、「いないいないばあ」をするときの、アレだ。「赤《あか》ちゃんかくれんぼ」で、ママに効果《こうか》があった、透明人間《とうめいにんげん》になる方法《ほうほう》。

「みゃお！　にゃ――――」

ん？　片目《かため》をそ〜っと開《あ》けて見《み》ると、子《こ》ネコがボスにまっすぐ突進中《とっしんちゅう》！　え、なんだ!?

俺《おれ》、消《き》えているはずなんじゃ……！

「ママさんのウソつき……。うわ――――」

ダメだ！　もう、逃《に》げるしかない！　ボスは、一目散《いちもくさん》に逃《に》げだした。子《こ》ネコも全速力《ぜんそくりょく》で追《お》いかけてくる。

ティムが、ウンウン言《い》いながらソファを引《ひ》きずって、ボスが向《む》かった塀《へい》のそばまできたとき、突然《とつぜん》、何《なに》か上《うえ》から落《お》ちてきた。ボールのように見《み》えるが、ボスと子《こ》ネコが絡《から》み合《あ》うようにして取《と》っ組《く》み合《あ》いをしながら転《ころ》がっていく。芝生《しばふ》の上《うえ》を二回《にかい》、三回《さんかい》とバウンドすると、そのまま家《いえ》の地下室《ちかしつ》に転《ころ》がり落《お》ちた。

「うわー!!」

それを見《み》たティムは、「ああああああああああ〜」と大《おお》きなため息《いき》をついて、またもときた方向《ほうこう》へソファを引《ひ》きずり、地下室《ちかしつ》へ向《む》かった。

ここは昼間《ひるま》でも薄暗《うすぐら》い地下室《ちかしつ》。転《ころ》がり落《お》ちた拍子《ひょうし》に、ボスはどこかに飛《と》ばされたらしい。子《こ》ネコはあたりを見回《みまわ》し、ボスの姿《すがた》を探《さが》している。

いらなくなったおもちゃや大《おお》きな段《だん》ボール、乾燥機能《かんそうきのう》つき洗濯機《せんたくき》、古《ふる》い家具《かぐ》などが、あちこちに置《お》かれていた。隠《かく》れるにはもってこいだ。子《こ》ネコはギラギラした目《め》をして、

「にゅあお、にゃあお、ふおうー」

と肉食獣《にくしょくじゅう》のような声《こえ》を出《だ》しながら歩《ある》き回《まわ》っている。まるで、「どこだ、どこだ、どこに行《い》った」と言《い》っているみたいに。子《こ》ネコは段《だん》ボール箱《ばこ》をあさったり、洗濯機《せんたくき》の中《なか》をのぞいたりしているけど、ボスはどこにもみつからない。

それもそのはず、ボスは背《せ》の高《たか》いパイプの棚《たな》のてっぺんにいた。子《こ》ネコがあちこち探《さが》しているのを上《うえ》から眺《なが》めながら、どうやってやっつけようか考《かんが》えているみたい。

棚《たな》の上《うえ》には、いろいろな道具《どうぐ》がごちゃごちゃと詰《つ》め込《こ》まれた道具箱《どうぐばこ》が積《つ》んであった。

これは使《つか》える……ボスが、何《なに》かひらめいた。

子《こ》ネコが、ボスのいる棚《たな》の真下《ました》あたりまでやってきた。

絶好《ぜっこう》のチャンス！

ボスは、タイミングをみはからって子《こ》ネコの頭《あたま》の上《うえ》めがけて、道具箱《どうぐばこ》を突《つ》き落《お》とした。

これで子《こ》ネコを仕留《しと》められる、はずだったけど……。

ガッシャーン！！！

運《うん》が悪《わる》いというかドジというか、バランスを崩《くず》して、ボスも箱《はこ》と一緒《いっしょ》にまっさかさまに床《ゆか》に落《お》ちてしまった。

ニャーン！

かんじんの子《こ》ネコは、さすがの反射能力《はんしゃのうりょく》で、とっさに身《み》をかわして、跳《と》び上《あ》がった。そして、今《いま》にも崩《くず》れそうに積《つ》まれているアイロン台《だい》の上《うえ》にトンと着地《ちゃくち》。しかも、子《こ》ネコが乗《の》ったはずみで、アイロン台《だい》の上《うえ》にあった洗濯《せんたく》かごが落《お》ち、ボスの上《うえ》にかぶさった。

「ウワー！」

ドスッ

おまけに、洗濯《せんたく》かごの上《うえ》には、アイロン台《だい》の上《うえ》にあった古《ふる》いアイロンが落《お》ちてきて、ボスは、完全《かんぜん》に閉《と》じ込《こ》められてしまった。これじゃあ、逃《に》げられない。絶体絶命《ぜったいぜつめい》だ。

と、突然《とつぜん》、地下室《ちかしつ》の明《あ》かりが消《き》えた。かごのすき間《ま》から、おそるおそるあたりをうかがう。さすがのボスも、暗闇《くらやみ》で子《こ》ネコにいつ襲《おそ》われるかわからない恐怖《きょうふ》に、体《からだ》が思《おも》うように動《うご》かない。

不気味《ぶきみ》な笑《え》みを浮《う》かべた子《こ》ネコが、壁際《かべぎわ》に置《お》かれたテーブルの上《うえ》で、ボスをじっと見《み》ていた。こっちのものだといわんばかりに、ゆっくりとボスに近《ちか》づいてくる。爪《つめ》を硬《かた》い床《ゆか》で研《と》ぎながら。歩《ある》くたびに、シャリン、シャリン、と嫌《いや》～な音《おと》がする。

子《こ》ネコがボスに襲《おそ》いかかろうとしたそのとき、

「うわ――――――――！！！」

地下室《ちかしつ》の入《い》り口《ぐち》から続《つづ》く階段《かいだん》から、ティムが重《おも》いソファごと、ものすごい勢《いきお》いで落《お》ちてきた。

「ニャ――――」

子《こ》ネコは、その勢《いきお》いでどこかに吹《ふ》っ飛《と》んだ。青《あお》い首輪《くびわ》だけが、近《ちか》くに転《ころ》がっている。

ティムは落《お》ちたはずみで頭《あたま》を打《う》ち、フラフラ。

「ふあぁぁぁ」

「テンプルトン！」

まさに危機《きき》一髪《いっぱつ》。ボスが大声《おおごえ》でティムの名前《なまえ》を呼《よ》んだ。

「わかったよ！　ママとパパに頼《たよ》れないときは、自分《じぶん》でやるんだ！　超《ちょう》いい気分《きぶん》、もう、最高《さいこう》ー!!　う〰〰〰。けど、落《お》ちたショックで、ぼく、なんだか……クラクラ……」

「でかしたぞ、ティム。俺《おれ》がつかまえたかったが……」

と、そのとき、隅《すみ》の方《ほう》からゴソゴソと音《おと》がしたと思《おも》ったら、ごちゃごちゃに積《つ》んであるダンボールの中《なか》から、子《こ》ネコがはい出《で》てきた。し……しぶとい！

「おおおー！　なんだ!?　なんだ、まだくる気《き》かよ！」

「ふううー」

子《こ》ネコもちょっとフラついているけど、すぐに鋭《するど》い目《め》つきになって、フラフラなティムを狙《ねら》っている。まずい！　でも、ボスは洗濯《せんたく》かごの中《なか》にいるから、何《なに》もできない。

「おい、よせ。そいつは関係《かんけい》ない！　お前《まえ》の敵《てき》は俺《おれ》だろ！　うあああ、お前《まえ》の勝《か》ち！　なんでもやる！　だから、そいつには手《て》を出《だ》すな！」

「やぁ、ニャンニャンちゃん」

子《こ》ネコがソファに跳《と》びのり、フニャフニャのティムに迫《せま》る。自分《じぶん》が狙《ねら》われているなんて、まったく気《き》づいていないティム。ボスは、なんとか洗濯《せんたく》かごから出《で》ようと、必死《ひっし》で体当《たいあ》たりするけど、上《うえ》にアイロンがのっているかごは、赤《あか》ちゃんの力《ちから》じゃびくともしない。

どうしたらいいんだ、追《お》いこまれたボスは、目《め》の前《まえ》に散《ち》らばっている、赤《あか》いフェルトペンをみつけた。

これだ!!

「うわーん、うえーん、うわーん」

家中《いえじゅう》に、赤《あか》ちゃんの泣《な》き声《ごえ》が響《ひび》きわたった。

「どうしたの、大丈夫《だいじょうぶ》!?」

「すぐ行《い》くよ!」

一階《いっかい》にいたママとパパが、猛《もう》スピードでドドドドドと地下室《ちかしつ》に降《お》りてきた。

子《こ》ネコはあわてて爪《つめ》を引《ひ》っこめ、かわいいペットのニャンコの顔《かお》に戻《もど》った。

パパは急《いそ》いで洗濯《せんたく》かごを外《はず》すと、ママとパパの目《め》に飛《と》び込《こ》んできたのは……額《ひたい》とお腹《なか》に赤《あか》いひっかき傷《きず》をつけた赤《あか》ちゃんの姿《すがた》。これ、実《じっ》は、フェルトペンで描《か》いた傷《きず》だけど……

そんなこと、薄暗《うすぐら》い地下室《ちかしつ》では、確《たし》かめられないよね。

「まぁ、どうしたの!?」

「何《なに》があった!?」

ボスを抱《だ》き上《あ》げてパパが聞《き》いた。ボスはこっそりとティムにウインクして、額《ひたい》の傷《きず》を指《ゆび》さす。そばには、赤《あか》いフェルトペンと黒《くろ》いスーツが散《ち》らばってる。

「このネコが、赤《あか》ちゃんを引《ひ》っかいたんだ!」

ティムは、そばにいた子《こ》ネコを指《ゆび》さしながら困《こま》った顔《かお》で言《い》った。

「ニャア?」

まさか、自分《じぶん》のせいにされるなんて！　子《こ》ネコはビックリしてのけぞった。

「ウソだがな」

ボスは思《おも》わずつぶやく。

「そんな！　まぁ～かわいそうに。ケガはない？」

ママは、ティムの言葉《ことば》をすっかり信《しん》じている。

シャ――――！

子《こ》ネコは怒《いか》りのあまり、毛《け》を逆立《さかだ》てて今《いま》にもティムに飛《と》びかかろうとした。

だけど、その前《まえ》にパパがさっと子《こ》ネコを抱《だ》き上《あ》げた。

「にゃ、にゃあ、にゃあ」

パパにつかまり、宙《ちゅう》ぶらりんになった子《こ》ネコは、四本《よんほん》の足《あし》をバタバタさせている。

「それで、その……その子《こ》ネコがね。ぼくをこれに……つないだの。ソファに。子《こ》ネコが、ソファをね、ここまで引《ひ》っぱってきたの。それって、変《へん》だよね。ね。……興奮《こうふん》したせいかな」

子《こ》ネコがティムをソファにつなぐなんて……そんな作《つく》り話《ばなし》、とても信《しん》じてもらえない……でも、パパから返《かえ》ってきたのは、意外《いがい》な言葉《ことば》だった。

「お前《まえ》たち、ごめんな」

パパの顔《かお》は、真剣《しんけん》そのものだ。ママもそれに同意《どうい》する。

「うちはまだ、子《こ》ネコなんて飼《か》えるような状況《じょうきょう》じゃないんだわ」

「うん、かわいそうだが、キャリコ先生《せんせい》に電話《でんわ》して、預《あず》かれないって言《い》おう」

「……なんて!?」

ティムとボスは、ビックリ！　キャリコ先生《せんせい》……だって!?


ティムは自転車《じてんしゃ》の前《まえ》かごにボスを乗《の》せると、全力《ぜんりょく》でこいだ。

「ママの発音《はつおん》が悪《わる》かったせいでカン違《ちが》いした。ダーじゃなくて、ダ・アー。赤《あか》ちゃん語《ご》では意味《いみ》がまるで違《ちが》う」

「じゃあ、あの子《こ》ネコはブーツィー・キャリコじゃなかったの？」

「〝贈《おく》りもの〟という言葉《ことば》が抜《ぬ》けてた。〝ブーツィー・キャリコからの贈《おく》りもの〟って意味《いみ》になるんだ。ブーツィー・キャリコは、ニャンコじゃない。獣医師《じゅういし》の名前《なまえ》だ！」

二人《ふたり》は、例《れい》の獣医師《じゅういし》の病院《びょういん》に着《つ》いた。ドアを開《あ》けたが、中《なか》はもぬけのカラだった。ネコ砂《ずな》を入《い》れる箱《はこ》が、あちこちに散乱《さんらん》している。

薄暗《うすぐら》い部屋《へや》の奥《おく》を見《み》ると、テレビの画面《がめん》が白《しろ》く光《ひか》っていた。スイッチが入《い》れっぱなしになっていて、画面《がめん》の下《した》には矢印《やじるし》が書《か》かれた紙《かみ》が、はられている。

カチッ

ボスは矢印《やじるし》の下《した》にあるスイッチを押《お》した。すると、画面《がめん》がパッとついて、録画映像《ろくがえいぞう》の再生《さいせい》が始《はじ》まった。

画面《がめん》には四匹《よんひき》のネコと一緒《いっしょ》に、獣医師《じゅういし》のキャリコが現《あらわ》れた。ゆったりしたひじかけ椅子《いす》に座《すわ》り、ひざの上《うえ》には、ボスが対決《たいけつ》したあの子《こ》ネコと、薄茶色《うすちゃいろ》のネコ、椅子《いす》の背《せ》には黒《くろ》ネコと白《しろ》ネコがいた。四匹《よんひき》とも、おそろいのハート形《がた》のタグを首《くび》からぶら下《さ》げている。

「みゃ〜お、調子《ちょうし》はどうかね、ボス・ベイビー？」

キャリコがにやけた顔《かお》で語《かた》りかけてきた。ティムは、ハッとした。

「なんで大人《おとな》なのに、ベイビー株式会社《かぶしきがいしゃ》、知《し》ってるの⁉ 脳《のう》の回路《かいろ》、切《き》れなかった？」

「ニャンコにまみれて、喜《よろこ》んでる。あいつ、もとから回路《かいろ》が切《き》れてるんだ」

ボスは皮肉《ひにく》たっぷりに言《い》った。

「どうだい？ 贈《おく》りものは喜《よろこ》んでもらえたかな？ それか、やっぱり、キミは、混乱《こんらん》してるだろうねこの男《おとこ》、どうやって子《こ》ネコを操《あやつ》ることができるんろうってね。んふふふふ。ベイビー、いいかい？ 私《わたし》はニャー、実《じつ》はニャンコに育《そだ》てられた」

抱《だ》いたネコたちにひっかかれながら、ときどきキャリコはこちらを挑発《ちょうはつ》した。そして、ネコみたいな長《なが》い舌《した》で、ペロリと自分《じぶん》の手《て》の甲《こう》をなめると、いちだんと声《こえ》を張《は》り上《あ》げた。

「ニャンコは、忍《しの》び足《あし》で、世界中《せかいじゅう》から愛《あい》を奪《うば》う〜」

「できるもんなら、やってみろ！ イカれたニャンコ男《おとこ》！」

怒《いか》りのあまり興奮《こうふん》してボスが叫《さけ》ぶ。

「これは、録画《ろくが》だよ」

と、ティム。

「わかってる！ けど、怒《おこ》ってもいいだろ？」

「またニャ〜、ボス・ベイビー。にゃ〜お。……あぉ！」

体《からだ》をくねくねさせて話《はな》していたキャリコが、突然《とつぜん》、跳《と》び上《あ》がった。薄茶色《うすちゃいろ》ネコが、キャリコのオマタにダイブしたみたい。

「コラコラ、オマタはや・め・て……」


録画映像《ろくがえいぞう》は、ここで終了《しゅうりょう》。あまりのことに、二人《ふたり》ともしばらくの間《あいだ》、黙《だま》ったまま画面《がめん》を見《み》つめていた。いつもだったら、すぐに何《なに》か行動《こうどう》するボスだけど、今《いま》は珍《めずら》しくおとなしい。

「やっつけちゃお」

ティムが、ボスを励《はげ》ますように言《い》った。すると、ボスもさっきのティムのど根性《こんじょう》ぶりをほめた。

「ソファを引《ひ》きずるなんて、いい根性《こんじょう》してるよ。やるな。今後《こんご》も、自力《じりき》でいくといい」

「キミはもっと、パパとママに頼《たよ》った方《ほう》がいいね。社長《しゃちょう》ベイビーのことは、気《き》にするなよ。家族《かぞく》を頼《たよ》ることは甘《あま》えじゃないよ。家族《かぞく》がいても、弱《よわ》くならない」

「ちょっと、なるかも」

「そしたら、家族《かぞく》が君《きみ》を助《たす》ける」

ティムは、ボスの肩《かた》に手《て》を置《お》いた。ボスは、今《いま》のティムの言葉《ことば》からも、ティムが自分《じぶん》にとって頼《たの》もしい存在《そんざい》になったことを感《かん》じて、ちょっぴりうれしくなった。

「まさか、ハグする気《き》じゃないだろうな」

いつものボスの調子《ちょうし》だ。

「うふふ。違《ちが》うよ。キモイな！」

「よかった。ノリが通《つう》じるし、それにだ。敵《てき》の正体《しょうたい》も、わかったしな。さて、ここのネコトイレの使用済《しようず》みの砂《すな》、箱《はこ》に詰《つ》めて持《も》って帰《かえ》るとするか」

「そんなことして、なんになるの？」


ここは、ベイビー株式会社《かぶしきがいしゃ》。

従業員《じゅうぎょういん》の告《つ》げ口《ぐち》ペグが、大《おお》きなカートに荷物《にもつ》をいっぱいのせて、社長《しゃちょう》ベイビーの部屋《へや》まで運《はこ》んできた。

「社長《しゃちょう》、荷物《にもつ》が届《とど》いています」

部屋《へや》の中《なか》から、社長《しゃちょう》ベイビーの投《な》げやりな声《こえ》が聞《き》こえる。

「めんどくせー！　今《いま》、超忙《ちょういそが》しいんだ、俺《おれ》。箱《はこ》を開《あ》けて、俺《おれ》のデスクの上《うえ》に置《お》いといてくれよ」

「うーん」

ペグは中《なか》でもいちばん大《おお》きくて重《おも》い荷物《にもつ》を持《も》ち上《あ》げ、言《い》われたとおりに社長《しゃちょう》ベイビーのデスクに置《お》いて開《あ》け、さっさと自分《じぶん》のデスクにもどっていった。

何分《なんぷん》かあと…

「ひゃー！　ああああああああ！」

社長《しゃちょう》ベイビーの悲鳴《ひめい》が社内《しゃない》に響《ひび》きわたった。

ペグが運《はこ》んだ荷物《にもつ》って、いったい……そう、ボスからのウサばらしの贈《おく》りものだったみたい。

第《だい》3話《わ》

お楽《たの》しみナイトはニャンダフル

テンプルトン家《け》の子《こ》ども部屋《べや》では、スーツ姿《すがた》のボス・ベイビーが、両手《りょうて》を組《く》んで何《なに》やら考《かんが》えごとをしていた。視線《しせん》の先《さき》には、スクリーン代《が》わりの壁《かべ》に、プロジェクターで大《おお》きく映《うつ》しだされたイラストが。

イラストを映《うつ》している機械《きかい》は、プロジェクター代《が》わりの電気《でんき》スタンドだ。イラストを、電気《でんき》スタンドのかさの上《うえ》にセットすると、電球《でんきゅう》の光《ひかり》でイラストが壁《かべ》に大《おお》きく映《うつ》るっていう仕組《しく》みになっている。

どんなイラストかって？　それは、獣医師《じゅういし》のブーツィー・キャリコと、彼《かれ》の手下《てした》のネコたち。ブーツィー・キャリコはボスをテンプルトン家《け》から追《お》い出《だ》そうとした、にっくき敵《てき》だ。

ボスは、イラストを前《まえ》に、刑事《けいじ》みたいにウロウロしたりして、こう言《い》った。

「やつは何《なに》か企《たくら》んでる。何《なに》か、でかいことを！」

「あああああ〜〜〜」

それを聞《き》いたティム。つまらなそうに、ソファの上《うえ》でひっくり返《かえ》り、ボスに聞《き》こえるように大《おお》きくため息《いき》をつきながら耳《みみ》をふさいだ。もう、仕事《しごと》の話《はなし》はうんざりだよ！

ボスはティムのため息《いき》をさえぎるように、話《はなし》を続《つづ》けた。ビジネスの世界《せかい》に休《やす》みはない。

「集中《しゅうちゅう》するんだ！　整理《せいり》しよう。敵《てき》はブーツィー・キャリコ。ネコに育《そだ》てられた、イカれた男《おとこ》。赤《あか》ちゃんよりもネコが愛《あい》されるべきだと考《かんが》えているが、まぁ～、バカバカしい。ネコは箱《はこ》の中《なか》でウンコする。箱《はこ》で、だぞ、テンプルトン！　やつは汚《きたな》い手《て》を使《つか》ってくるな。どんなゲームだ？　やつは俺《おれ》たちを、もてあそぶつもりか？　それなら、逆《ぎゃく》にもてあそべばいい。ふぅ～、ジェットコースターのごとく、もてあそんでやる！」

「ねぇ、さっきから、ゲームとか、遊《あそ》ぶとか、ジェットコースターって言《い》ってるけど、ちゃんとどういう意味《いみ》か、わかって言《い》ってる？」

ティムは、足《あし》をソファに残《のこ》したまま、ソファからずり落《お》ち、背中《せなか》と頭《あたま》を床《ゆか》につけた。

「やつは、バカじゃない。過去《かこ》の市場実績《しじょうじっせき》を追跡《ついせき》して、調査《ちょうさ》してるはずだ。仕事《しごと》、仕事《しごと》、仕事仕事《しごとしごと》……」

「あああああ～～～」

こりゃ、ダメだ。今《いま》はボスに何《なに》を言《い》っても無駄《むだ》なのかも。こんなときは、想像《そうぞう》ごっこに逃《に》げるしかない。

「ダグ・ピーターソンに、逃《に》げ場《ば》はなかった。彼《かれ》は、恐竜《きょうりゅう》ハンター。そして、ロボットだ!!」

ここはジャングルの中《なか》。ティムは今《いま》、カウボーイハットをかぶったロボットのダグ・ピーターソン。四角《しかく》い顔《かお》の上半分《うえはんぶん》が目《め》、そして下半分《したはんぶん》は口《くち》だけ。全身《ぜんしん》が金属《きんぞく》でできていて、手《て》は輪《わ》っか型《がた》で足《あし》は棒状《ぼうじょう》だ。ロボットにしてはちょっと弱《よわ》そう。大《おお》きな木《き》にロープでぐるぐる巻《ま》きに縛《しば》られ、身動《みうご》きできないでいる。

「ぼくを殺《ころ》すなら、今《いま》すぐ殺《ころ》してみろ！　この、シゴトサウルスめ！」

彼《かれ》を狙《ねら》っているのは恐竜《きょうりゅう》のシゴトサウルス。ティラノサウルスに似《に》た緑色《みどりいろ》の体《からだ》だけど、頭《あたま》には金髪《きんぱつ》の巻《ま》き毛《げ》がひとふさ、首《くび》には黒《くろ》いネクタイをしている。恐竜《きょうりゅう》にしては、変《へん》なスタイル。ビジネスマンみたいだ。

ガウ――――！！！！

シゴトサウルスが、ダグのすぐそばまで迫《せま》る。あぶない！　と思《おも》ったそのとき、

「シゴト、シゴト、シゴト、シゴト……」

シゴトサウルスはタイプライターを地面《じめん》に置《お》くと、ピコピコとキーを打《う》ち出《だ》した。超忙《ちょういそが》しそうに。これじゃあ、ハラハラドキドキの冒険《ぼうけん》とはいえないよ。

「やめろー、つまんなすぎる、死《し》にそう」

突然《とつぜん》、ロボットのダグの配線《はいせん》がおかしくなって、火花《ひばな》が散《ち》り、ショートしだした。

「あああああああ」

想像《そうぞう》の世界《せかい》でも、うなされているティム。……と、頭《あたま》にコツンと何《なに》かが当《あ》たって目《め》が覚《さ》めた。黄色《きいろ》いおしゃぶりがコロンと転《ころ》がる。

「いてっ！　何《なに》するんだよー!?」

「これから、いいところだから起《お》こしたんだ」

キャビネットに乗《の》ったボスがすました顔《かお》で言《い》うと、さっきのイラストとは違《ちが》う絵《え》を電気《でんき》スタンドに取《と》りつけた。仕事《しごと》を続《つづ》けるつもりらしい。

「あ〜ああああああ」

ティムが、あきれてひっくり返《かえ》る。お手上《てあ》げだ。

……と、ふいにドアがカチャッと開《あ》いた。

「わあぁ！」

ボスはあわてて電気《でんき》スタンドを元《もと》に戻《もど》し、ピョンとキャビネットから飛《と》び降《お》りた。すっかり赤《あか》ちゃん顔《がお》に戻《もど》って、おもちゃで遊《あそ》んでいるふりをする。

「お前《まえ》たち、いいニュースを聞《き》きたくないか？」

ママとパパがドアから顔《かお》を出《だ》した。

「もしかして、また赤《あか》ちゃんが生《う》まれるんじゃないよね？　……いてっ！」

ボスは、わざとおもちゃの消防車《しょうぼうしゃ》をティムの脚《あし》にぶつけた。ティムがにらんでも、知《し》らんふりして遊《あそ》んでいる。

「違《ちが》うわ。赤《あか》ちゃんじゃないわよ」

「絶対《ぜったい》にありえない。本当《ほんとう》に」

「ふん！」

パパが「絶対《ぜったい》」というところを強調《きょうちょう》して言《い》うと、ママはなぜかムッとして、ゴンとパパの足《あし》をけった。

「実《じつ》は、今日《きょう》オープンする、新《あたら》しいファミリーレストランのクーポン券《けん》をもらったの。家《か》族《ぞく》でおでかけするのは、久《ひさ》しぶりでしょ？」

ママは笑顔《えがお》で弟《おとうと》の前《まえ》にしゃがむと、赤《あか》ちゃん言葉《ことば》で言《い》った。

「もうそろそろ、赤《あか》ちゃんがおでかけちても、だいじょぶちょうでちゅからね」

「おでかけちても、ぎゃーぎゃーわんわん泣《な》かないで、おりこうでいられまちゅかー？」

パパも真似《まね》して赤《あか》ちゃん言葉《ことば》。

「おでかけちて、何《なに》ちゅるの？」

ティムもつられて赤《あか》ちゃん言葉《ことば》で聞《き》くと、ママとパパはハイテンションになって、両手《りょうて》を上《あ》げて口《くち》をそろえて叫《さけ》んだ。

「テンプルトンファミリーの、お楽《たの》しみナーイト！」

「わぁぁぁ！　お楽《たの》しみナイト！　やったー！　大好《だいす》き、大好《だいす》き、大好《だいす》きー、やったー！　やった……」

ティムは大興奮《だいこうふん》！　ママとパパの周《まわ》りをぐるぐる回《まわ》って喜《よろこ》んだ。でも、すぐに、

「それほんと？　ウソじゃないよね？」

と、確認《かくにん》した。

「たまに本物《ほんもの》のジェットコースターのこと知《し》らないのに、ジェットコースターの話《はなし》をする人《ひと》がいるからね。そういうの……あ、いたい！」

またまたボスが、おもちゃの消防車《しょうぼうしゃ》を足《あし》にゴツン。ムッとしてティムを横目《よこめ》でにらんでいる。それは、俺《おれ》のことか!?　とでもいうように。

「すぐでかけるから、準備《じゅんび》しといてよ。お楽《たの》しみナ〰〰イト♪」

「あ〜あ、そうこなくっちゃ！　♪〰」

兄弟《きょうだい》の間《あいだ》で何《なに》があったのかまったく知《し》らないママとパパは、すでにお楽《たの》しみナイトに向《む》けてウキウキ気分《きぶん》が止《と》まらない。ママときたら、歌《うた》いながらお尻《しり》をふりふりしているし、パパはギターを弾《ひ》くマネをしながら部屋《へや》を出《で》ていった。部屋《へや》の外《そと》から、ご機嫌《きげん》なママの声《こえ》が聞《き》こえる。

「低音《ていおん》をしっかり響《ひび》かせてよ、テッド。ほっほー」

テッドはパパの名前《なまえ》だ。いつもはテッドなんて呼《よ》ばないのに、よっぽど楽《たの》しみなんだ！

「お楽《たの》しみナイト、すっごく楽《たの》しいんだよ。ママとパパがリラックスして、冗談《じょうだん》ばっかり言《い》って楽《たの》しむんだ！」

ティムは、ボスが初《はじ》めて体験《たいけん》することになるテンプルトン家《け》のお楽《たの》しみナイトの楽《たの》しさを、なんとか伝《つた》えようと、声《こえ》をはずませた。でも、ボスには伝《つた》わらなかった。

「家族《かぞく》で過《す》ごしたいのはやまやまだが、今日《きょう》は無理《むり》だ。敵《てき》はリラックスしてるか？　いや〜、計画《けいかく》をねってるはずだ。赤《あか》ちゃんをいちばんにするために、俺《おれ》も働《はたら》く。ビジネスだ。我慢《がまん》してくれ。お楽《たの》しみナイトは、別《べつ》の日《ひ》にしてくれ。三《さん》か月後《げつご》は？」

ボスの頭《あたま》は、ブーツィー・キャリコのことでいっぱい。お楽《たの》しみナイトのことなんか、全然興味《ぜんぜんきょうみ》がないみたい。その証拠《しょうこ》に、さっさとビジネスマンの顔《かお》に戻《もど》って、さっき中断《ちゅうだん》したブーツィー・キャリコとその仲間《なかま》のイラストを、もう一度電気《いちどでんき》スタンドにセットした。

だけど、ティムはあきらめない。ボスをなんとかお楽《たの》しみナイトに連《つ》れていかなくちゃ。

「だけど、できたばっかりのレストランだよ!?　……はっ！　風船《ふうせん》があるかも！　風船《ふうせん》、大好《だいす》き!!　ぜったい、今日行《きょうい》かなきゃ」

「行《い》く必要《ひつよう》などなど、ない」

「だけど、ついてくるしかないよ。赤《あか》ちゃんだからね」

ティムもあきらめないが、ボスもあきらめない。と、ボスは奥《おく》の手《て》を使《つか》ってきた。

「俺《おれ》も、他《ほか》の赤《あか》ちゃんと同《おな》じく、頑固《がんこ》に抵抗《ていこう》する訓練《くんれん》を受《う》けてる。知《し》ってたか？　赤《あか》ちゃんは、グニャ〜ッとするだけで、二十《にじっ》キロも重《おも》くなれる」

うぎゃ――――!!

いざ、出発《しゅっぱつ》ってときに、ボスは赤《あか》ちゃんの〝抵抗《ていこう》〟てやつを、本当《ほんとう》にやらかした。お出《で》かけしようとすると、床《ゆか》に座《すわ》り込《こ》んで大声《おおごえ》で泣《な》き出《だ》す、例《れい》のアレ。

「あぁ、グニャッとしてると、二十《にじっ》キロも重《おも》く感《かん》じるよ」

玄関《げんかん》でパパが、グニャ〜ッとしている弟《おとうと》を抱《だ》き上《あ》げながら言《い》った。

「今日《きょう》のお楽《たの》しみナイトも、絶対楽《ぜったいたの》しくなる！　赤《あか》ちゃんが泣《な》きやんだらね。絶対泣《ぜったいな》きやむと思《おも》うけど」

ティムは弟《おとうと》に、泣《な》きやめよ！　と命令《めいれい》でもするかのようににらみつけた。

でも、弟《おとうと》は泣《な》きやむ気《き》なんて、まったくない。車《くるま》に乗《の》り込《こ》んでも、うぎゃ────!!

これでもか、とばかりに大泣《おおな》き。その間《あいだ》に横目《よこめ》でチラチラ見《み》ながら、ママとパパがおでかけをあきらめるかどうか様子《ようす》をうかがっている。

「はぁ、まだおでかけは早《はや》すぎるかしら?」

チャイルドシートにボスをのせながら、ママがため息《いき》をつく。

「ねぇ、でたらめの歌《うた》、歌《うた》おう!」

これは、やばいと思《おも》ったティムが、あわてて叫《さけ》ぶ。歌《うた》を歌《うた》えば弟《おとうと》の泣《な》き声《ごえ》が気《き》にならないはずだ!

♪おたの~しみナイトは、ちょ~さいこ~

だから~みんな~、だいす~き~

あかちゃんはぜったい、なきやむし~

たのしいよ~♪

ティムが大声《おおごえ》で歌《うた》うと、弟《おとうと》も競争《きょうそう》するみたいに、いっそう声《こえ》を張《は》り上《あ》げた。

うえーん、うえーん!!!!

「お楽《たの》しみナイトは、別《べつ》の日《ひ》にずらした方《ほう》がいいかな？」

パパも、運転《うんてん》しながらも、半分《はんぶん》あきらめかけているようだ。そんなの、絶対《ぜったい》ダメ！　ティムはあきらめない。パパたちを説得《せっとく》しなきゃ。

「ダメ、あきらめたら、負《ま》けだよ！　赤《あか》ちゃんは、必《かなら》ず泣《な》きやむよ。静《しず》かでいることが、赤《あか》ちゃんにとっていちばんだって、わかってるからね」

お楽《たの》しみナイトをつぶされてなるものか！　泣《な》きやめ！　ティムは、弟《おとうと》をにらみつけながら言《い》った。


泣《な》き声《ごえ》を車中《しゃちゅう》に響《ひび》かせながら、テンプルトン一家《いっか》は、「ミスター・パイナップルズ・レストラン」に到着《とうちゃく》した。パイナップルの形《かたち》をした大《おお》きな看板《かんばん》と両脇《りょうわき》のトーテムポールを、ライトが明《あか》るく照《て》らしているリゾート風《ふう》のレストランだ。

ここまでくると、ようやくボスもピタッと泣《な》きやんだ。

「お楽《たの》しみナイトの奇跡《きせき》が起《お》きたんだよ～！」

ボスもわかってくれたんだ！　ティムがホッとして言《い》うと、ママもパパもやっと笑顔《えがお》に。

「は〜！　ウフフ」

「あ〜、よかった」

二人《ふたり》は、車《くるま》を降《お》りた。そのとたん、ボスは涙《なみだ》を手《て》でサッとふくと、ビジネスマンの目《め》つきに戻《もど》った。

「は〜」

緊張《きんちょう》していたティムは、大《おお》きく息《いき》を吐《は》く。そんなティムを見《み》たボスが、ティムの胸《むな》ぐらをつかんで、くぎをさす。

「公共《こうきょう》の場《ば》で泣《な》けば、赤《あか》ちゃんへの好感度《こうかんど》が下《さ》がるから泣《な》きやんだ。お前《まえ》のためじゃなく、会社《かいしゃ》のためだ。静《しず》かにしてるが、楽《たの》しんでるわけじゃないから、間違《まちが》えるな！」

「わかったよ。だけど、キミがつまんないからって、ぼくの楽《たの》しみまで奪《うば》わないでよ」

ティムが怒《おこ》ったように言《い》うと、ボスもムッとしてギャーッとまた泣《な》き出《だ》した。耳《みみ》をおさえるティム。しかし、すぐに泣《な》きやんだ。わざと、だ。

「はは、冗談《じょうだん》だよ。ほ〜ら、楽《たの》しいだろ？　さっさと終《お》わらせようぜ」

ボスはできるだけ早《はや》くお楽《たの》しみナイトを終《お》わらせて、仕事《しごと》に戻《もど》ろうとしているみたい。

そのとき、車《くるま》のドアが開《あ》いて、ママがボスをチャイルドシートから抱《だ》きあげた。

「あ〜〜〜あ」

やっぱり仕事《しごと》のことしか考《かんが》えてないボス。ティムはさらに大《おお》きなため息《いき》をついた。

ミスター・パイナップルズ・レストランは、南国風《なんごくふう》でお店《みせ》のつくりも超《ちょう》ユニーク。まるで、ハワイやタヒチにいるみたいだ。入《い》り口《ぐち》近《ちか》くの壁《かべ》には、竹《たけ》の額縁《がくぶち》に入《はい》ったサカナのレリーフが飾《かざ》ってある。ママもパパもティムも、すっかりリゾート気分《きぶん》だ。

「すご〜い！」

「ハネムーンを思《おも》い出《だ》すよ」

「ハネムーンは、クリーブランドよ」

「あ〜、だけど、ホテルのロビーにヤシの木《き》があったの、忘《わす》れたのか？」

「うふふふ。クリ〜ブラ〜ンド♪」

ママとパパは、新婚時代《しんこんじだい》を思《おも》い出《だ》していちゃいちゃしだした。ティムとボスが、壁《かべ》にかかっているサカナのレリーフの前《まえ》にさしかかると、

「サカナが寝《ね》すぎた、もう、あさかな？」

サカナが動《うご》いて、つまらないダジャレを言《い》う。

「ははは－。面白《おもしろ》いじゃないか。悪《わる》くないぞ」

ボスはこのしかけを気《き》に入《い》ったらしい。けっこう楽《たの》しんでいる。

案内《あんない》されたテーブル席《せき》もおしゃれだった。ひとつひとつ区切《くぎ》られた半個室席《はんこしつせき》で、竹《たけ》の柱《はしら》に竹《たけ》の壁《かべ》、緑《みどり》の葉《は》っぱのかさがついたライトがぶら下《さ》がっている。

「はっはっはー」

「あ～ら」

パパもママも、お店《みせ》の内装《ないそう》を気《き》に入《い》ったみたい。ベビーチェアにすわっているボスも、居心地《いごこち》がよさそうだ。

「ほほー、このベビーチェアはベルトが心地《ここち》いい。んっんっ。これはくつろげる。なめらか、かつモダンなデザイン。まさか、このベビーチェア……はっ！　キンダッグリュックゼリーカイト！　ドイツの匠《たくみ》の技《わざ》が光《ひか》る、最高級品《さいこうきゅうひん》！」

感心《かんしん》しているボスに、ティムが声《こえ》をかける。

「どう？」

「認《みと》めるよ。ここは、そう悪《わる》くない。ブーツィー・キャリコの次《つぎ》の作戦《さくせん》について考《かんが》えるのは、明日《あした》でもいい」

どうやら、ボスは高級《こうきゅう》ベビーチェアがすっかり気《き》に入《い》ったみたいで、今《いま》はお楽《たの》しみナイトを楽《たの》しんでくれそうだ。

「楽《たの》しいって、言《い》ったでしょ」

ティムはドヤ顔《がお》で言《い》った。と、突然《とつぜん》、上《うえ》から糸《いと》につるされたカードが降《ふ》ってきた。

「おぉぉ」

「何《なに》かしら、これ？」

「うわぁ、もしかして、メニュー」

面白《おもしろ》いしかけに、ティムは、わくわくが止《と》まらない。パパがメニューをつかもうとすると、メニューはするっと上《うえ》に上《あ》がった。

「いったい、どうなってるんだ？　あっはっは」

「ゲームだよ。メニューを取《と》った人《ひと》が勝《か》ち〜！」

つかもうとするとスルッと上《あ》がり、また下《お》りてくる。で、なかなかつかめない。ママもパパも、子《こ》どもみたいにはしゃいでいる。まるで、ネコじゃらしで遊《あそ》ぶネコみたい。

「なんだ？　あぁ？」

ボスだけが、あきれ顔《がお》。こういう、ネコが喜《よろこ》ぶようなしかけには、興味《きょうみ》がないらしい。

「このレストラン、なんだってそろってる！」

最初《さいしょ》にメニューをつかんだティムが、品《しな》ぞろえの多《おお》さに感心《かんしん》して言《い》った。ボスも、クールな顔《かお》でメニューを眺《なが》めている。それを見《み》たママとパパ。

「う〜、見《み》て。赤《あか》ちゃんがメニュー読《よ》むふりしてる」

「すごいな〜。集中《しゅうちゅう》して、読《よ》んでるじゃないか。う〜、ちっちゃな教授《きょうじゅ》のふりでちゅか？」

わが子《こ》がクールなビジネスマンだとは知《し》らないから、「この子《こ》、天才《てんさい》かも」って思《おも》っている。親《おや》バカってやつ。

「ミャオ・バーガー？　ニャンドイッチ？　バニャニャシェイクって……なんでネコなんだ？」

お気楽《きらく》な三人《さんにん》をよそに、ボスの頭《あたま》には「?」マークがたくさんつき始《はじ》めた。〝ミャオ〟とか〝ニャン〟だって? 何《なに》かがおかしいぞ……。

「どっちにしよう? ホットキャットか、アメリカンキャットか……」

そんなことにはまったく気《き》づかないティムは、ウキウキしながらメニューを選《えら》んでいる。

そこへ、お店《みせ》のウエイターが、注文《ちゅうもん》を取《と》りにやってきた。

「こんばんニャ〜! ご説明《せつめい》します。ミスター・パイナップルズ・レストランでは、フォークもナイフも使《つか》いません。お手々《てて》も使《つか》いませんよ。ネコスタイルで、どうぞ」

早口《はやくち》で一気《いっき》に説明《せつめい》すると、ウエイターは四人《よにん》の前《まえ》にミルクの入《はい》った深皿《ふかざら》を置《お》いた。

「はっはっはー。これは面白《おもしろ》いなー」

パパはさっそく皿《さら》に顔《かお》を突《つ》っこんで、ネコみたいに舌《した》でペロペロ飲《の》みだした。それを見《み》てママもティムもペロペロ。ボスは、一人《ひとり》だけ不安顔《ふあんがお》。

「イヤな予感《よかん》がする。帰《かえ》ろう」

……すると、店内《てんない》アナウンスが響《ひび》いた。

「それではみなさん、拍手《はくしゅ》でお迎《むか》えください。伝説《でんせつ》のウクレレ・キャット、ミスター・パイナップル！」

ボスが振《ふ》り向《む》くと、店内中央《てんないちゅうおう》のカウンターの上《うえ》に、パッとスポットライトがあたり、カンカン帽《ぼう》をかぶったネコが、前足《まえあし》をペロペロして登場《とうじょう》した。ネコが、横《よこ》にすえられたウクレレをポローンと鳴《な》らすと、お客《きゃく》さんたちからは大《おお》きな拍手《はくしゅ》と歓声《かんせい》が起《お》こった。

「ニャーオ」

オレンジ色《いろ》と白《しろ》のつやつやした毛並《けなみ》、首《くび》にはピンクの首輪《くびわ》とハート形《がた》のタグ。首輪《くびわ》もタグも、ブーツィー・キャリコの一味《いちみ》がつけていたものとそっくりだ。ボスの不安《ふあん》は、どうやら的中《てきちゅう》してしまった。

考《かんが》えてみれば、変《へん》なことだらけ。天井《てんじょう》からぶら下《さ》がったメニュー、ネコ語《ご》みたいな料理《りょうり》の名前《なまえ》、ウエイターのくねくねした動《うご》きとニャーニャーなまり、ハート形《がた》タグ、そうだ、共通《きょうつう》しているのはネコだ。

そして、キャリコ一味《いちみ》のイラストを見《み》ていて浮《う》かんだ、イヤな予感《よかん》。そう、やつらは、何《なに》かを企《たくら》んでいる。そして、この店《みせ》。ミスター・パイナップルの鋭《するど》い目《め》つき……。

バラバラだったものがひとつにつながって、その正体《しょうたい》が見《み》えてきた。

「……はっ！　ブーツィーは、この店《みせ》を企《たくら》んでたのか！」

謎《なぞ》が解《と》けた！　と、思《おも》った瞬間《しゅんかん》、何《なに》かがボスのほおを…

ペロリ

「ウワッ！」

のけぞったボスが振《ふ》り返《かえ》ると、そこにはブーツィー・キャリコが腕《うで》にネコを抱《だ》いて立《た》っていた。ボスをなめたのは、見《み》おぼえのあるネコ。テンプルトン家《け》に侵入《しんにゅう》し、ボスからママとパパの愛《あい》を奪《うば》おうとした、あの性悪《しょうわる》なネコだ。

「こんばんは、みニャさま。ようこそ、いらっしゃいました。いかがですか？　みニャさま、楽《たの》しんでいらっしゃいますか？　特《とく》にこのかわいい坊《ぼう》や。こんニャかわいい坊《ぼう》やにきていただいて、実《じつ》に光栄《こうえい》です」

腕《うで》に抱《だ》いたネコをなでながら、キャリコは皮肉《ひにく》たっぷりに言《い》うと、歯《は》をむき出《だ》しにしてボスに顔《かお》を近《ちか》づけた。チョウの羽《はね》みたいな形《かたち》の眼鏡《めがね》の奥《おく》で、つり上《のぼ》った目《め》が不気味《ぶきみ》に光《ひか》っている。ボスは思《おも》わず、キャリコの顔《かお》に自分《じぶん》の皿《さら》に入《はい》ったミルクをぶちまけた。

「ぶはっ……！」

「大変《たいへん》、やだわ。ごめんなさいね」

ママが大《おお》あわてでキャリコにナプキンを差《さ》し出《だ》すと、キャリコは手《て》を振《ふ》って断《ことわ》った。

「結構《けっこう》です。お気《き》にニャさらず。赤《あか》ちゃんって、育《そだ》てるのが本当《ほんとう》に難《むずか》しいでしょ？　大変《たいへん》ニャわりに、そこまでかわいくニャいですし」

キャリコについたミルクを、抱《だ》いたネコがペロリとなめると、キャリコは体《からだ》をくねくねして嫌《いや》みを言《い》った。赤《あか》ちゃん嫌《ぎら》いが、にじみ出《で》ている。

「あ〜、思《おも》い出《だ》しましたよ。獣医師《じゅういし》のキャリコ先生《せんせい》。そのネコがうちの子《こ》をケガさせたときは、お世話《せわ》になりました」

パパも負《ま》けずに嫌《いや》みたっぷりに言《い》う。

「先生《せんせい》って、悪《わる》い人《ひと》なんでしょ？」

ティムも、ズバリと言《い》ってやった。

「ティム、失礼《しつれい》なこと言《い》っちゃダメ！」

ママはティムを叱《しか》ったが、その声《こえ》には、もちろん心《こころ》がこもっていない。

「はっはっはっはっは。子《こ》どもらしい。私《わたし》はもう獣医師《じゅういし》はやめました。今《いま》は夢《ゆめ》を抱《いだ》く実業《じつぎょう》家《か》です。夢《ゆめ》はニャにって？　それはこのレストランを、街中《まちじゅう》の人《ひと》が集《あつ》まって食事《しょくじ》を楽《たの》しみ、ネコをかわいがれる店《みせ》にすることニャ。すっごいでしょ？」

キャリコは、わざとらしくティムとボスの頭《あたま》をなでた。本当《ほんとう》は叩《たた》きたいに違《ちが》いないのに。

それから、カウンターに向《む》かって声《こえ》を張《は》り上《あ》げた。

「ミスター・パイニャポー！」

すると、伝説《でんせつ》のウクレレ・キャット、ミスター・パイナップルがポロンポロンとウクレレの弦《げん》をはじきだした。店《みせ》のお客《きゃく》さんたちは、待《ま》っていましたとばかりに大歓声《だいかんせい》。

「まるでリゾートにきたみたいな気分《きぶん》だよ～」

「こんなかわいい生《い》きもの、初《はじ》めて見《み》たよ。小《ちい》さくて、愛《あい》らしくて、たまらないよ」

「ミスター・パイナップル、だ～いすき」

あちこちから、絶賛《ぜっさん》の声《こえ》が聞《き》こえる。キャリコの期待通《きたいどお》りの反応《はんのう》だ。キャリコはボスを見《み》ると、勝《か》ち誇《ほこ》ったように歯《は》をむき出《だ》して、ニカーッと笑《わら》った。

「甘《あま》くて落《お》ち着《つ》く、ウクレレの音色《ねいろ》。パパもネコが好《す》きになっちゃうよ」

「よかったわね。あなたのお店《みせ》は、大成功《だいせいこう》よ。こんなお店《みせ》、ほかにはニャいもの」

「はっはっは」

ミスター・パイナップルのショーに心《こころ》うばわれてしまったママとパパ。おだてられて、キャリコもまんざらではなさそう。

「はっはっは。そんニャ、照《て》れちゃいますよ。では、どうぞごゆっくり」

そしてキャリコは、去《さ》り際《ぎわ》にボスの耳元《みみもと》でこっそりとささやいた。

「キミが嫉妬《しっと》で身《み》もだえするのを、見《み》てるニャ」

「なはあ……」

くっそ〜……！

ボスは顔色《かおいろ》が変《か》わった。キャリコは、ネコをなでながら他《ほか》のテーブルへ向《む》かい、「ビフさ〜ん、来《き》ていただいたんですニャ。今日《きょう》もいちだんといい香《かお》りで」と、笑顔《えがお》で挨拶《あいさつ》をしている。キャリコに抱《だ》かれたネコは、ボスの方《ほう》を見《み》て、「シャーッ」と小《ちい》さく威嚇《いかく》した。

これでキャリコの企《たくら》みが、はっきりした。急《いそ》いで企《たくら》みをつぶさなければ。早《はや》くしないと、街中《まちじゅう》の人々《ひとびと》の赤《あか》ちゃんへの愛《あい》が、ネコに持《も》っていかれるかもしれない！ボスはいても立《た》ってもいられなくなり、ミスター・パイナップルの演奏《えんそう》でノリノリのティムに、こっそり耳打《みみう》ちした。

「こんなの、ダメだ。ウンチしたいって、ママさんに言《い》うんだ」

「したくない。ぼくは、おうち以外《いがい》のトイレで、ウンチはしないんだ」

「わかってる！　それが狙《ねら》いだ。家《いえ》に帰《かえ》って、オフィスに電話《でんわ》したい」

「絶対《ぜったい》、イヤだね。今日《きょう》はお楽《たの》しみナイトだよ。赤《あか》ちゃん仕事《しごと》ナイトじゃ、ない。仕事《しごと》はさせないからね」

「簡単《かんたん》な方法《ほうほう》では、協力《きょうりょく》してくれないようだな」

「どんな方法《ほうほう》を使《つか》ったって、協力《きょうりょく》はしないよ」

緊急事態《きんきゅうじたい》だっていうのに、今夜《こんや》のティムは、超頑固《ちょうがんこ》だ。そう簡単《かんたん》に、「うん」と言《い》ってくれそうもない。ティムがダメなら、次《つぎ》の手《て》を考《かんが》えるしかない。ボスは意《い》を決《けっ》して、最後《さいご》の一手《いって》を使《つか》った。

「はぁ～……許《ゆる》してくれ、ベイビー株式会社《かぶしきがいしゃ》。そして、世界中《せかいじゅう》の赤《あか》ちゃんたち………うぎゃ――――――――――！」

店《みせ》の外《そと》にまで聞《き》こえるほどの大《おお》きな声《こえ》で泣《な》き出《だ》したボスに、ママたちはビックリ。

「突然《とつぜん》、どうしちゃったのかしら」

「ティム、赤《あか》ちゃんに何《なに》かしたんじゃないのか!?」

「してない！」

ママとパパは、なんとかしてボスを泣《な》きやませようとしている。パパがガラガラなるおもちゃを取《と》りだしてふりながら、

「しっしっ。おもちゃで遊《あそ》ぶかな？」

とご機嫌《きげん》をとったけど、ボスは泣《な》きやむどころか、それを手《て》で思《おも》いっきり払《はら》いのけた。ガラガラはそのまま、通路《つうろ》をはさんだ遠《とお》くのテーブルまで、ひゅーんと飛《と》んでいった。そして、ミルクをペロペロしている派手《はで》なファッションのおばさんの額《ひたい》に、コツンとぶつかってしまった。

ゴールドの大《おお》きなイヤリングをつけたおばさんは、怖《こわ》い顔《かお》でボスをにらみつけた。それを見《み》たママは、この派手《はで》なおばさんの正体《しょうたい》に気《き》づいた。

「はっはっは。……ヤだ、どうしましょ。チャンネル8ニュースの人《ひと》に、にらまれちゃっ

た」

ママはおろおろして言《い》う。どうやら有名《ゆうめい》なニュースキャスターらしい。

「マーシャ・クリンクルが、いるのか？　チャンネル8！　ニュースをお伝《つた》えします!!

はっはっは、大《だい》ファンです～！」

パパは、有名人《ゆうめいじん》が近《ちか》くにいることに舞《ま》い上《あ》がって、マーシャに手《て》を振《ふ》った。その調子《ちょうし》の
よさに、ママはムッとした。

「そんな場合《ばあい》じゃないでしょ！　赤《あか》ちゃんを静《しず》かにさせることに、集中《しゅうちゅう》しましょ」

ママに怒《おこ》られてしゅんとしたパパが、力《ちから》なく言《い》う。

「もう、帰《かえ》るか？」

思《おも》いがけない悪《わる》い展開《てんかい》に、ティムの頭《あたま》に血《ち》がのぼった。

「帰《かえ》るなんて、イヤだよ」

「まだ、注文《ちゅうもん》してないし、帰《かえ》るなら今《いま》のうちなのよ」

ママは席《せき》を立《た》つと、ボスを抱《だ》っこして歩《ある》き出《だ》した。

「イヤだ!!」

ティムはすごい勢《いきお》いで反抗《はんこう》した。せっかくのお楽《たの》しみナイトなのに、こんなことで帰《かえ》るなんて！

「ティモシー・レズリー・テンプルトン!!」

ママの厳《きび》しい声《こえ》が飛《と》ぶ。この呼《よ》び方《かた》は、かなり怒《おこ》っている証拠《しょうこ》だ。

ママに逆《さか》らったら、逆効果《ぎゃくこうか》。ティムはあわてて、ママが抱《だ》っこしていたボスを受《う》け取《と》った。作戦変更《さくせんへんこう》だ。ボスを少《すこ》しママから離《はな》して、時間《じかん》を稼《かせ》がなくっちゃ。

「だって、お楽《たの》しみナイトは、まだ始《はじ》まったばかりだよ。赤《あか》ちゃんはエネルギーを発散《はっさん》させたいだけだよ。ボールプールか何《なに》かがないか、見《み》てくるよ。いいでしょ？　静《しず》かな時間《じかん》を楽《たの》しんで、料理《りょうり》でも選《えら》んでてよ。気《き》をつけて！　チーズがかかってる食《た》べものは、好《す》きだけど、チーズが中《なか》に入《はい》ってるのは、嫌《きら》いだからね」

「あ〜、そう？　そこまで帰《かえ》りたくないって言《い》うなら、もう少《すこ》しいましょうか」

「そうだな、パパはウクレレネコちゃんにハマっているし」

よかった……。なんとか二人《ふたり》を思《おも》いとどまらせることができて、ティムは一安心《ひとあんしん》。ボスを抱《かか》えて、大急《おおいそ》ぎで外《そと》に飛《と》び出《だ》した。

「じゃあ、行《い》ってくる〜」

レストランの駐車場《ちゅうしゃじょう》に停《と》めてある車《くるま》に乗《の》るなり、ボスは仕事《しごと》モードに早変《はやが》わり。

「はぁぁ、連《つ》れだしてくれて助《たす》かったよ。すぐに、応援《おうえん》を呼《よ》ぶから」

後《うし》ろの座席《ざせき》に置《お》いてある通信機《つうしんき》を手《て》に取《と》った。しかし、ティムはそれをボスの手《て》から払《はら》いのけて、車《くるま》のドアをすかさずロック。

「お前《まえ》は……おい！　……何《なに》してるんだ、テンプルトン。拷問《ごうもん》か？　そんな度胸《どきょう》は、ないだろ？」

ティムは、真剣《しんけん》な顔《かお》でボスに迫《せま》った。

「決《き》めたのは、キミだ。ぼくらの家族《かぞく》の一員《いちいん》になるって」

「始《はじ》まった〜」

ボスはからかうように言《い》ったけど、ティムの顔《かお》はゆるまない。楽《たの》しむときは、家族全員《かぞくぜんいん》でなければ意味《いみ》がない。それを、今度《こんど》こそじっくりと、ボスにわからせないと。

「今日《きょう》は、お楽《たの》しみナイトだよ。このレストランだって、すっごくすっごく楽《たの》しいじゃないか！」

「この店《みせ》が、楽《たの》しいだと⁉　ネコ愛《あい》がうじゃうじゃ湧《わ》く、沼《ぬま》だぞ？　さっさと、焼《や》き払《はら》った方《ほう》がいい」

それでも仕事《しごと》を始《はじ》めようとするボスを、ティムはなんとか止《と》めたかった。

「一時間《いちじかん》だけでいいから、つきあってくれてもいいでしょ？　明日《あした》、ぼくもキャリコをやっつけるの、手伝《てつだ》う！　今日《きょう》は、仕事《しごと》を置《お》いといて、とにかくみんなで楽《たの》しもうよ！」

「なはは～は！　何語《なにご》しゃべってんだ？　仕事《しごと》がなきゃ、楽《たの》しめない」

「ふん」

わからずやのボスに、ついにティムが実力行使《じつりょくこうし》に出《で》た。ボスを抱《だ》きかかえると、チャイルドシートに座《すわ》らせ、カチャッとシートベルトを締《し》めたのだ。

これでボスは動《うご》けないし、仕事《しごと》にも戻《もど》れない！

「うおう！」

「お楽《たの》しみナイトを楽《たの》しむって、約束《やくそく》するまで、車《くるま》から出《だ》さないよ」

体《からだ》を揺《ゆ》らして、なんとかベルトから逃《のが》れようとするボス。でも、無駄《むだ》だとわかり、おとなしくなった。どうやら、あきらめたみたいだ。

「あぁ〜、仕方《しかた》ない。楽《たの》しむって、約束《やくそく》する」

「仕事《しごと》じゃなく、家族《かぞく》とね」

「はいはい、家族《かぞく》と。最高《さいこう》だ。紙吹雪《かみふぶき》をまけ。はぁ〜。

……すまないが、心《こころ》を落《お》ち着《つ》かせたい。ひとりで。少《すこ》し待《ま》っててくれ」

「いいよ」

ボスの言葉《ことば》を素直《すなお》に信《しん》じて、ティムはチャイルドシートのベルトを外《はず》してあげ、車《くるま》から降《お》りた。よかった、これで家族《かぞく》みんなで楽《たの》しめる！

でも、ボスはティムにウソをついた。ティムが外《そと》で待《ま》っている間《あいだ》、車《くるま》の中《なか》に転《ころ》がっていた通信機《つうしんき》を手《て》に取《と》り、仕事《しごと》を始《はじ》めたんだ。

「ステイシー、ジンボ。ここの座標《ざひょう》を送《おく》るから、きてくれ。すぐに」

部下《ぶか》たちにてきぱきと指示《しじ》を出《だ》したボス。それでも、ちょっぴり良心《りょうしん》が痛《いた》んだみたい。

最後《さいご》に小《ちい》さい声《こえ》でつぶやいた。

「……すまない、テンプルトン」

レストランでは、まだショーが続《つづ》いていた。ミスター・パイナップルが前足《まえあし》の爪《つめ》でウクレレを弾《ひ》き、お客《きゃく》さんはハイテンションで、歌《うた》ったり踊《おど》ったりしている。

パパたちも、テーブルで盛《も》り上《あ》がっている。

「ふっふっ、パイナップール、パイナップール、いいぞ、いいぞ、パイナップール！」

「ほら、楽《たの》しいでしょ？」

ティムは、ボスが改心《かいしん》してくれたと思《おも》っているから上機嫌《じょうきげん》。楽《たの》しそうに、伏《ふ》せた深皿《ふかざら》を太鼓《たいこ》みたいに叩《たた》いてリズムを取《と》っている。

「最高《さいこう》だー。ママさんとパパさんに、イカれたネコ好《ず》きに変身《へんしん》してほしいと、ずっと思《おも》ってた」

ボスは腕組《うでぐ》みしながら、セリフを棒読《ぼうよ》みしたみたいな口調《くちょう》で、ちっとも楽《たの》しそうじゃなさそうにつぶやいた。一方《いっぽう》、ママとパパは両手《りょうて》をネコみたいにグーにして、楽《たの》しそうに踊《おど》っている。

「甘《あま》い音色《ねいろ》をもっと聞《き》かせてくれー」

「甘《あま》い音色《ねいろ》をもっと聞《き》かせてちょうだい」

そこに、ウエイターが注文《ちゅうもん》した料理《りょうり》を運《はこ》んできた。長《なが》い腕《うで》をスピーディに動《うご》かして、お皿《さら》をみんなの前《まえ》に置《お》く。

「スープでございます」

「覚《おぼ》えてる？　ナイフもフォークも、手《て》も使《つか》っちゃダメ！　これって、最高《さいこう》じゃない⁉」

ティムが、スープ皿《ざら》に顔《かお》を突《つ》っ込《こ》み、舌《した》でペロペロやりだした。

それを見《み》たパパも、

「いただきニャ〜す！　はっはっは〜」

とネコみたいに手《て》をペロッとなめると、ティムの真似《まね》してペロペロ。続《つづ》いてママも一緒《いっしょ》にペロペロと飲《の》んだ。

「おえ〜」

三人《さんにん》を見《み》て、ボスの気分《きぶん》は最悪《さいあく》。ネコみたいな飲《の》み方《かた》なんて、できるか！　……すると、

「ボス！」

トーテムポール風《ふう》の柱《はしら》の陰《かげ》からステイシーの声《こえ》がした。その声《こえ》に、ボスは振《ふ》り向《む》いて、目《め》でこっそり合図《あいず》すると、ボスの部下《ぶか》のステイシーとジンボがそっと近《ちか》づいてきた。ステイシーは、しっかり者《もの》で頭脳派《ずのうは》。怪力《かいりき》でオムツいっちょうのジンボは、体《からだ》はでかいが、いつもステイシーにおくれをとってばかりの、のんびりやだ。ドジなジンボが、途中《とちゅう》でバタッと転《ころ》んだけど、なんとかセーフ。

みんなが顔《かお》を下《した》に向《む》けてペロペロしているおかげで、誰《だれ》にもみつからずに、店内《てんない》を移動《いどう》できる。ウエイターが近《ちか》づくと、ジンボの肩《かた》にステイシーが乗《の》ってトーテムポールになりきってやり過《す》ごした。

ボスの指示《しじ》で、二人《ふたり》は忍者《にんじゃ》みたいにすばやく転《ころ》がりながら、店《みせ》のバックヤードに潜入成功《せんにゅうせいこう》。バックヤードの棚《たな》には、パイナップルの絵《え》が描《か》かれたお持《も》ち帰《かえ》り用《よう》のボックスやお皿《さら》が積《つ》まれている。

「状況《じょうきょう》は？」

ボスは、通信機《つうしんき》でステイシーに様子《ようす》を聞《き》いた。

「ほんとでした。ネコ愛《あい》が、一気《いっき》に増《ふ》えてます。こんな場所《ばしょ》、なければいいのに」

ステイシーが通信機《つうしんき》の画面《がめん》をチェックしている。画面《がめん》には、赤《あか》ちゃんの絵《え》と、ネコの絵《え》があり、その上《うえ》に愛情《あいじょう》を示《しめ》すハートマークが表示《ひょうじ》されている。ハートマークの数《かず》が多《おお》いほど、それに対《たい》する愛《あい》が多《おお》いのだ。モニターでは、赤《あか》ちゃん側《がわ》のハートマークがどんどん減《へ》って、その分《ぶん》、ネコ側《がわ》のハートマークが増《ふ》えていた。そして、ついにネコ側《がわ》にすべてのハートが移《うつ》った。赤《あか》ちゃん側《がわ》は、ゼロ。

このレストランの周辺《しゅうへん》では、みんなネコの方《ほう》をかわいいと思《おも》っているということだ。

「わかってる。いいニュースはないか？」

「おれは、いいニュース！」

ボスの質問《しつもん》に対《たい》してジンボが答《こた》える。質問《しつもん》の意味《いみ》がよくわかっていないみたい。ボスは適当《てきとう》に返《かえ》した。

「そうだな、ジンボ。お前《まえ》はいい子《こ》だ」

「うへへ、うへへへへ」

ジンボが嬉《うれ》しそうに笑《わら》うと、ステイシーは顔《かお》をしかめた。ボスは無視《むし》して続《つづ》ける。

「ミスター・パイナップルの情報《じょうほう》をくれ。なぜ、おとなしい？　ブーツィーは、どう手《て》なずけてる？」

「うへ、うへへへ」

まだ笑《わら》っているジンボを、ステイシーは物陰《ものかげ》に引《ひ》っ張《ぱ》り込《こ》んだ。バックヤードの奥《おく》で、警備員《けいびいん》が腕組《うでぐ》みして立《た》っているのを発見《はっけん》したのだ。奥《おく》にあるテーブルを見張《みは》っているみたいで、そのテーブルの上《うえ》には、お茶碗《ちゃわん》に山盛《やまも》りの貝《かい》が入《はい》っているのが見《み》える。

「やつのご飯《はん》が、見《み》えます。何《なに》かの高《たか》そうな貝《かい》です」

「貝《かい》か……。なんの種類《しゅるい》の貝《かい》なんだ？」

「今《いま》すぐ、写真《しゃしん》をラボに送《おく》ります」

ステイシーは通信機《つうしんき》のカメラ機能《きのう》を使《つか》って写真《しゃしん》を撮《と》り、そのままベイビー株式会社《かぶしきがいしゃ》のオフィスに送《おく》った。


オフィスにあるラボでは、ボスの部下《ぶか》である三《み》つ子《ご》の赤《あか》ちゃんたちが待機《たいき》していた。ステイシーから送《おく》られてきた貝《かい》の写真《しゃしん》を調《しら》べるのが、今回《こんかい》の三《み》つ子《ご》の任務《にんむ》だ。

青《あお》いつなぎ姿《すがた》の赤《あか》ちゃんが、長《なが》い鼻《はな》に翼《つばさ》みたいな耳《みみ》をつけた動物《どうぶつ》らしき絵《え》を、他《ほか》の二人《ふたり》

に見《み》せて、

「これは、ゾウかなぁ？」

と聞《き》くと、

「ちが〜う」

二人《ふたり》は声《こえ》をそろえて言《い》った。今度《こんど》は、黄色《きいろ》のつなぎの子《こ》が、クビの長《なが》い、口《くち》の大《おお》きな動《ぶっ》物らしき絵《え》を見《み》せて、

「これは、キリンかなぁ？」

と聞《き》くと、

「ちが〜う」

他《ほか》の二人《ふたり》が言《い》う。最後《さいご》に、緑色《みどりいろ》のつなぎの子《こ》が、ギザギザ模様《もよう》に目《め》がついた貝《かい》らしき絵《え》を見《み》せて、

「これは、シャンハイペンギンガイかなぁ？」

と聞《き》くと、他《ほか》の二人《ふたり》は「正解《せいかい》！」といわんばかりに、パチパチと拍手《はくしゅ》をした。

バックヤードにあった貝《かい》は、シャンハイペンギンガイで間違《まちが》いないらしい。

ミスター・パイナップルズ・レストランのバックヤードでは、ステイシーが三つ子《みつご》からの報告《ほうこく》を受《う》けて、通信機《つうしんき》でボスと話《はな》していた。

「どうやら、世界《せかい》でいちばんおいしい貝《かい》だそうです。それとなんと、この国《くに》では、めちゃめちゃ違法《いほう》だそうです」

「ブーツィーは、ミスター・パイナップルを、珍《めずら》しい貝《かい》のとりこにして手《て》なずけていたのか！　この組織《そしき》のカギは、貝《かい》だったんだ。貝《かい》を手《て》にいれれば……」

「ミスター・パイナップルは、こっちの思《おも》い通《どお》り！」

「このネコ好《ず》きレストランを、閉店《へいてん》に追《お》いこめる！」

「了解《りょうかい》！　警備員対策《けいびいんたいさく》は、ジンボがもう考《かんが》えてます」

ステイシーが言《い》うとすぐ、ネズミの帽子《ぼうし》をかぶったジンボがさっそうと登場《とうじょう》。

「う〜〜〜〜〜!!　汚《きたな》いネズミだぞ！」

よし、順調《じゅんちょう》だ。……ジンボのことが少《すこ》し不安《ふあん》だけれど……。でも、やるしかない。ボスはステイシーとジンボに命《めい》じた。

「まぁ〜、いけるか。貝《かい》を盗《ぬす》んで、これ以上《いじょう》ネコ好《ず》きが増《ふ》える前《まえ》に、ずる賢《がしこ》いウクレレ野《や》郎《ろう》をおびき出《だ》せ！」

ティムたちは、ネコスタイルの食事《しょくじ》とミスター・パイナップルのショーにすっかり夢中《むちゅう》だった。

「ここは、ネコの楽園《らくえん》！　それなら、ネコにニャりきろう〜！」

ティムは楽《たの》しそうに、またお皿《さら》に顔《かお》を付《つ》けてペロペロしだした。

「ははは〜。すぐに楽園《らくえん》じゃなくなるさ」

ボスは、ニヤリとしながら言《い》った。……と、視線《しせん》を感《かん》じる。ふとみると、ネコを抱《だ》いたキャリコが、向《む》かいのテーブル席《せき》のそばから、こちらをじっと見《み》ていた。

別《べつ》のテーブルにいる他《ほか》の家族《かぞく》は、赤《あか》ちゃんがママに叱《しか》られている。

「静《しず》かになさい。パパとママは、かわいいネコちゃんを見《み》てるんだから」

あちらの両親《りょうしん》は、自分《じぶん》の子《こ》どもよりもネコに夢中《むちゅう》になってしまったようだ。

「だあぁぁぁ」

ボスの口《くち》から思《おも》わず声《こえ》がもれる。すでにキャリコが企《たくら》んだ計画《けいかく》の効果《こうか》が出《で》てしまっている。焦《あせ》ったボスは、ステイシーに連絡《れんらく》を取《と》った。

「その、計画《けいかく》だが、うまくいくんだろうな？」

「いいえ、もう無理《むり》です。ジンボが役《やく》に入《はい》りすぎて、自分《じぶん》でしかけたネズミとりに引《ひ》っかかって、取《と》れなくなったんです」

見《み》ると。ステイシーの後《うし》ろで、ジンボが踏《ふ》んで足《あし》にくっついたネズミ取《と》りをとろうとしている。

「おっと！」

すってーん！　と転《ころ》び、ジンボは全身《ぜんしん》にネズミ取《と》りがくっついてしまった。ネズミ取《と》りには強力接着剤《きょうりょくせっちゃくざい》がついているから、いったんはりついたらなかなか取《と》れない。どうやら、このネズミとりで警備員《けいびいん》をつかまえるつもりだったようだ。

「こんなこと、言《い》いたくないんですが、人手《ひとで》が足《た》りません、ボス。てか、脳《のう》みそが足《た》りない。ちょっと、出《で》てこられませんか？」

ついに切《き》れ者《もの》のステイシーもお手上《てあ》げのようで、ボスにSOS《エスオーエス》を出《だ》す。すると、

「その言葉《ことば》、待《ま》ってた」

そう言《い》うなりボスは、ベビーチェアのベルトを外《はず》そうと両手《りょうて》で引《ひ》っ張《ぱ》った。でも、なかなか外《はず》れない。右《みぎ》に引《ひ》っ張《ぱ》ったり、左《ひだり》に引《ひ》っ張《ぱ》ったりするたびに、椅子《いす》の上《うえ》で体《からだ》が左右《さゆう》にゆらゆら。

「あ〜、あなた、見《み》てよ。赤《あか》ちゃんが踊《おど》ってるわ。ミスター・パイナップルの音楽《おんがく》が好《す》きなのよ」

ボスが一生懸命《いっしょうけんめい》ベルトを外《はず》そうとしているのを、ママは「踊《おど》っている」と勘違《かんちが》い。

「お手本《てほん》を見《み》せるとするか、美人《びじん》さん」

「もちろん喜《よろこ》んで、ハンサムさん」

パパも一緒《いっしょ》に勘違《かんちが》いして、ママをダンスに誘《さそ》った。

二人《ふたり》はフロアに出《で》ると、ウクレレの音楽《おんがく》に合《あ》わせて踊《おど》りだした。フラダンスというより、もうちょっとノリノリのステップだ。

その間《かん》、ボスはずっともがいていた。いくら頑張《がんば》っても、ドイツ製高級《せいこうきゅう》ブランドのベルトは、頑丈《がんじょう》にできているから、なかなか外《はず》れてくれない。

「うう〜ん、ドイツの匠《たくみ》め！　赤《あか》ちゃんを縛《しば》りつけやがって！」

ボスは思《おも》いっきりベルトを引《ひ》っ張《ぱ》った。すると、引《ひ》っ張《ぱ》った勢《いきお》いで、隠《かく》し持《も》っていた通《つう》信機《しんき》が、ぴゅーん。ティムのひざの上《うえ》に飛《と》んできた。

「ちょっと！　これ、なんだよ」

ティムは、怒《おこ》って通信機《つうしんき》をボスの目《め》の前《まえ》に突《つ》きつけた。

「あ——……テンプルトン。キミを尊敬《そんけい》してるから、ウソはつかないっていうか、ウソが浮《う》かばない。ちょっと、降《お》ろしてくれ。キャリコ・パイナップル問題《もんだい》を解決《かいけつ》する。そしたら、仕事《しごと》は終《お》わり〜。お楽《たの》しみの続《つづ》きをする。ほら、抱《だ》っこ」

「ぼくにウソついてたんだな！」

駐車場《ちゅうしゃじょう》で、仕事《しごと》はしないって約束《やくそく》したのに、裏切《うらぎ》った！　ティムは怒《いか》りのあまり、テーブルをドンと叩《たた》いた。周《まわ》りのお客《きゃく》さんたちがビックリして、こちらを見《み》ている。

「ん、んんっ！　あなたたち、お説教《せっきょう》してほしいの？」

さっきボスがガラガラをぶつけてしまった、ニュースキャスターのマーシャ・クリンクルが、またまた怖《こわ》い顔《かお》で二人《ふたり》をにらみつけた。

バックヤードでは、ステイシーがジンボの体《からだ》にはりついたネズミとりをはがそうと、必《ひっ》死《し》になっていた。顔《かお》だけじゃなく、全身《ぜんしん》にべったりくっついている。

「うーん、うーん」

あごについたネズミとりを、ステイシーが力任《ちからまか》せに引《ひ》っ張《ぱ》って、なんとかはがすことに成功《せいこう》。ジンボは大喜《おおよろこ》びでステイシーをハグした。

「いぇーい！　永遠《えいえん》のハグぅ」

ステイシーは、迷惑《めいわく》そう。


テーブルでは、ティムとボスの兄弟《きょうだい》ゲンカが続《つづ》いていた。

「約束《やくそく》したでしょ？　今日《きょう》は家族《かぞく》で楽《たの》しむって。ビジネスマンは、約束《やくそく》を守《まも》るんじゃなかったの!?」

ティムは、通信機《つうしんき》を振《ふ》りかざして、ボスを責《せ》めたてた。でも、ボスにとって、ティムとの約束《やくそく》はビジネスじゃない。ビジネス以外《いがい》に興味《きょうみ》がないボスは、悪《わる》びれずに言《い》った。

「あー、ビジネスじゃ俺《おれ》の言葉《ことば》は、トリプルA《エー》債券並《さいけんな》み。だが、家庭《かてい》での信用力《しんようりょく》は、ゴミみたいなもん。これから、努力《どりょく》する。約束《やくそく》する！　それ、返《かえ》せ‼　返《かえ》すんだ、テンプルトン」

ボスは何《なん》とかして通信機《つうしんき》を取《と》り返《かえ》そうと、手《て》を伸《の》ばす。でも、ティムには返《かえ》すつもりは、さらさらない。すると、ボスはガクッと頭《こうべ》をたれて眠《ねむ》ったふりをした。

「どうしたの？　いきなり眠《ねむ》っちゃったわけ？」

「瞑想《めいそう》で、パワーアップ！　あはは」

ティムが心配《しんぱい》して油断《ゆだん》したすきに、ボスはガバッと起《お》きあがり、テーブルをドンと叩《たた》いてはねあがった通信機《つうしんき》をキャッチ！　取《と》り戻《もど》した。ティムの我慢《がまん》は限界《げんかい》を超《こ》えた。もう、周《まわ》りの人《ひと》がなんと言《い》おうと、かまうもんか！　店中《みせじゅう》に響《ひび》き渡《わた》る声《こえ》で、わめいた。

「んんんん、うわ〜〜〜〜〜〜〜〜〜〜〜〜〜〜〜！」

ティムの大声《おおごえ》は、バックヤードにまでよく聞《き》こえた。シャンハイペンギンガイのお茶碗《ちゃわん》を見《み》はっている警備員《けいびいん》は、あまりの声《こえ》の大《おお》きさに、何《なに》ごとかとフロアの様子《ようす》を見《み》に行《い》った。

チャンス！

一瞬《いっしゅん》のすきを狙《ねら》って、ジンボが体《からだ》をボールみたいに転《ころ》がしながら、目《め》にもとまらない猛《もう》スピードで、お茶碗《ちゃわん》がのっているテーブルに体当《たいあ》たり。落《お》ちてきたお茶碗《ちゃわん》を抱《かか》えて、一目《いちもく》散《さん》に逃《に》げ出《だ》したのだ。やった！　貝《かい》を奪《うば》ったぞ。


そうとは知《し》らない警備員《けいびいん》。バックヤードからフロアに続《つづ》くドアの丸《まる》い窓《まど》から、店内《てんない》の様《よう》子《す》をうかがい、トランシーバーで上司《じょうし》に報告《ほうこく》をはじめた。

「あ～、状況報告《じょうきょうほうこく》します。えーと、子《こ》どもが叫《さけ》んでます。あと、踊《おど》ってる人《ひと》が、ちょこちょこ」

「貝《かい》は無事《ぶじ》だろうな？」

上司《じょうし》がたずねると、警備員《けいびいん》は後《うし》ろを振《ふ》り返《かえ》った。大丈夫《だいじょうぶ》に決《き》まってる……ハッ!!　ない！　大切《たいせつ》な貝《かい》が、お茶碗《ちゃわん》ごと!!

「状況報告《じょうきょうほうこく》します。ぼくは、クビです……」

警備員《けいびいん》はシュンとなって、とぼとぼと持《も》ち場《ば》に戻《もど》った。

「ボス、貝《かい》をゲットしました！」

一方《いっぽう》、バックヤードの物陰《ものかげ》では、ステイシーが興奮気味《こうふんぎみ》にボスに報告《ほうこく》していた。

「待《ま》ってくれ、ステイシー。ティムを落《お》ち着《つ》かせる」

せっかく貝《かい》を奪《うば》ったのに、ボスは怒《いか》りがおさまらないティムに手《て》こずっていた。

「あ〜〜〜〜〜あ〜〜〜〜あ〜〜〜〜！」

ティムがどんどんどんどんとテーブルを叩《たた》いて、その上《うえ》にバタンと突《つ》っ伏《ぷ》す。

「ティム！」

ノリノリで踊《おど》っていたパパたちも、大《おお》きな音《おと》に気《き》づき、厳《きび》しい声《こえ》でティムを叱《しか》りつけた。

あまりのうるささに、他《ほか》のお客《きゃく》さんたちからもブーイングが。ニュースキャスターのマーシャも、ついにキレて両親《りょうしん》に文句《もんく》を言《い》いにきた。

「こ〜んばんは。キャスターのマーシャ・クリンクルです。それではニュースです。子《こ》どもを、どうにかして!!」

ブルーのアイシャドウを塗《ぬ》った大《おお》きな目《め》が、怒《いか》りでつり上《あ》がっている。

「ごめんなさい、ほんとに」

ママは平謝《ひらあやま》り。パパは怒《いか》りがおさまらないマーシャに向《む》かって、相変《あいか》わらず、

「大《だい》ファンです！」

とニコニコ。

「ふん」

マーシャはシッシッと追《お》い払《はら》うように手《て》を振《ふ》って、自分《じぶん》の席《せき》に戻《もど》っていく。そんなことより、子《こ》どもをだまらせて！　というように。

「あぁー」

にらまれたパパは、有名人《ゆうめいじん》を怒《おこ》らせてしまって、がっくり。

「ティム、どうしたの？　静《しず》かにしなさい」

「なんで!?　悪《わる》いのは、ぼくじゃなくて、赤《あか》ちゃんだよ！」

ママに注意《ちゅうい》されても、ティムは素直《すなお》になれなかった。お楽《たの》しみナイトを楽《たの》しく過《す》ごそうとしただけなのに、約束《やくそく》を破《やぶ》った弟《おとうと》じゃなくて、ぼくが怒《おこ》られるなんて！　叱《しか》られているティムをよそに、ボスは無邪気《むじゃき》な赤《あか》ちゃんの顔《かお》。親指《おやゆび》をチュッチュッしている。くそ～!!　赤《あか》ちゃんは、なんて得《とく》なんだろう！

「みぃやぉ、みぃやぉ」

ステージではミスター・パイナップルが、何《なに》かを伝《つた》えたそうに鳴《な》いている。

「おぉ、どうした、どうした、ミスター・パイニャップル。キミのせいじゃ、ニャいよ。大丈夫《だいじょうぶ》かい？」

キャリコは急《いそ》いでミスター・パイナップルのそばにくると、ねこなで声《ごえ》で話《はな》しかけた。

「みぃやぉ、みぃやぉ」

「お腹《なか》がすいたかニャ？　待《ま》って」

そう言《い》うと、キャリコはマイクを手《て》に取《と》った。

「お楽《たの》しみ中《ちゅう》の、みニャさま。ミスター・パイニャップルは、少《すこ》しだけ休憩《きゅうけい》に入《はい》りたいと思《おも》います。ニャぜって？　子《こ》どもにパフォーマンスを台《だい》ニャしにされたからです！　特《とく》にそこの、赤《あか》ちゃん連《づ》れの家族《かぞく》に!!」

キャリコは、テンプルトン一家《いっか》のテーブルを大《おお》げさに指《ゆび》さした。お客《きゃく》さんたちがいっせいに注目《ちゅうもく》する。

「あ〜、イヤだ」

ママは、よくないことで注目《ちゅうもく》されてしまい、オロオロしている。

ブ――――――！！！！

激《はげ》しいブーイングがあがった。最初《さいしょ》に始《はじ》めたのは、ニュースキャスターのマーシャだ。

「ダメだ、もう、帰《かえ》ろう」

すっかり弱気《よわき》になってしまったパパが、立《た》ち上《あ》がる。

やれやれ、これで邪魔者《じゃまもの》がいなくなる……と、キャリコは満足《まんぞく》そうにニッと笑《わら》い、ミスター・パイナップルを抱《だ》き上《あ》げて床《ゆか》に降《お》ろした。

ニャン。

ミスター・パイナップルはぴょんぴょん飛《と》び跳《は》ねながら、大好物《だいこうぶつ》の貝《かい》を目指《めざ》して、バックヤードにまっしぐら。それを見《み》たボスが、すかさずステイシーに連絡《れんらく》した。

「ものすごいバッシング。赤《あか》ちゃん愛《あい》が、暴落《ぼうらく》してる！　早《はや》くパイナップルを、つまみ出《だ》せ!!」

ミスター・パイナップルは、いつものように貝《かい》を食《た》べようとテーブルに近《ちか》づいた。彼《かれ》にとっていちばん幸《しあわ》せな瞬間《しゅんかん》だ。一度《いちど》食《た》べたらやみつきになる、あの味《あじ》。この貝《かい》のために、毎晩《まいばん》ウクレレを弾《ひ》いてやっているんだ。しかし、

ハッ!?　ミャウン、ミャウン。

ミスター・パイナップルの頭《あたま》が、真《ま》っ白《しろ》になった。いつもあるはずの貝《かい》が、テーブルの上《うえ》になかったのだ！　……と、

「よお、パイナップル！　取《と》りにきな！　汚《きたな》い動物《どうぶつ》め！」

ジンボに抱《かか》えられたステイシーが、貝《かい》の入《はい》ったお茶碗《ちゃわん》を抱《かか》えて、ドスのきいた声《こえ》で叫《さけ》んだ。

みぃやぉ、みぃやぉ!!

怒《いか》りに燃《も》えたミスター・パイナップルが二人《ふたり》に飛《と》びかかる。

「ジンボ、急《いそ》いで出口《でぐち》へ！」

「うあああぁ、出口《でぐち》、どこにあるの!?」

もたもたしているジンボに、ミスター・パイナップルが襲《おそ》いかかる。体当《たいあ》たりされたたは

ずみで、ジンボとステイシーは、お茶碗《ちゃわん》ごとズデーンと転《ころ》んだ。

お茶碗《ちゃわん》は空中《くうちゅう》を舞《ま》ってから、ふたたびステイシーの手《て》に。ステイシーはお茶碗《ちゃわん》で上手《じょうず》に貝《かい》をキャッチ。ふーう、なんとか守《まも》りきった。

ミスター・パイナップルは一個《いっこ》だけ床《ゆか》に落《お》ちた貝《かい》をゲット。夢中《むちゅう》になって貝《かい》を開《あ》けようとしている。そこに、キャリコが入《はい》ってきた。パイナップルをみつけ、抱《だ》き上《あ》げる。

「おいちい、おいちいは、食《た》べた？　……行《い》こう、ミスター・パイニャップル。さぁ、グランド・フィニャーレの時間《じかん》だ！」

ステイシーはあわてて大《おお》きな段《だん》ボールの箱《はこ》の後《うし》ろに隠《かく》れる。気《き》づかないキャリコは、抱《だ》き上《あ》げたミスター・パイナップルと一緒《いっしょ》に、客席《きゃくせき》のフロアに戻《もど》っていった。


「イヒ、ウヒヒヒヒ……」

バックヤードの奥《おく》から、ジンボの笑《わら》い声《ごえ》がする。ステイシーが声《こえ》のする方向《ほうこう》を見《み》ると、なんと、そこにはパイナップルの絵《え》が描《か》かれたボックスから顔《かお》を出《だ》しているネコが。ふわふわ好《す》きなジンボは、ネコとたわむれている。……と、バックヤードのさらに奥《おく》を見《み》ると、

♪ネコちゃん、箱詰《はこづ》め、ニャンニャンニャン！　♪

ウエイターが鼻歌《はなうた》を歌《うた》いながら、ネコを一匹《いっぴき》ずつボックスに詰《つ》めていた。もしかして、これ……！　ステイシーは、急《いそ》いでボスに報告《ほうこく》した。

「パイナップルだけじゃ、ありませんでした！　ブーツィーは、全員《ぜんいん》におみやげネコを用《よう》意《い》してるんです！」

なんだって!?　報告《ほうこく》を受《う》けたボスの顔《かお》がくもる。

「ハッ！」

と、ボスは急《きゅう》に視線《しせん》を感《かん》じて、中央《ちゅうおう》カウンターの方《ほう》を見《み》た。そこにいたのは、ティムの家《いえ》に送《おく》りこんだ、あの性悪《しょうわる》ネコを抱《だ》いたキャリコ。ボスをにらみつけている。

ボスと目《め》が合《あ》うと、キャリコはどこで手《て》に入《い》れたのかボスの写真《しゃしん》を取《と》りだした。オムツいっちょうのボスが、無邪気《むじゃき》な顔《かお》で積《つ》み木《き》をしている写真《しゃしん》。それを、性悪《しょうわる》ネコの前《まえ》に差《さ》し出《だ》すと、性悪《しょうわる》ネコが鋭《するど》い爪《つめ》でバリッバリッと引《ひ》き裂《さ》いた。

「ハッ！」

明《あき》らかなボスへの挑発《ちょうはつ》に、思《おも》わずボスは息《いき》をのんだ。その様子《ようす》をキャリコと性悪《しょうわる》ネコがジッと見《み》つめ、そして凶悪犯《きょうあくはん》のようにニタニタ笑《わら》って、去《さ》っていった。

「どうしましょう、ボス？」

通信機《つうしんき》から、ステイシーの声《こえ》が聞《き》こえる。

「あぁ、わからない。今《いま》、考《かんが》える…」

ボスは、動揺《どうよう》したようで、弱々《よわよわ》しく答《こた》えた。どうしよう。キャリコをやっつける方法《ほうほう》が見《み》つからない。敵《てき》は相当手《そうとうて》ごわい。さすがのボスも、自信《じしん》を失《うしな》いかけていた。

他《ほか》のお客《きゃく》さんからのブーイングをうけて、すぐにでも帰《かえ》りたくなったパパは、お札《さつ》を数《かぞ》えだした。

「それで、いくらだっけ？　ゴロニャーサラダは」

「ダメ！　お会計《かいけい》はしないで。まだここにいたいから、家族《かぞく》でがんばろうよ」

ティムは必死《ひっし》で頼《たの》むけど、パパは手《て》を止《と》めてくれない。そのとき、ティムは通信機《つうしんき》を持《も》っているボスに気《き》づいた。まだ、仕事《しごと》しているじゃないか！　ティムは、またまた怒《いか》りスイッチがはいって、通信機《つうしんき》を取《と》りあげようとした。でも、ボスも負《ま》けてはいない。激《はげ》しい引《ひ》っ張《ぱ》り合《あ》いが始《はじ》まった。

「よこせ!!」

「ちょーっと。あなたたち、どうにかならないの？」

もう、完全《かんぜん》にキレているニュースキャスターのマーシャが、また文句《もんく》を言《い》いにきた。

「ほんっとに、ごめんなさい、キャスターのマーシャさん。すぐに連《つ》れて帰《かえ》りますから」

ママが申《もう》し訳《わけ》なさそうに謝《あやま》る。これで三度目《さんどめ》だ。ママの気《き》も知《し》らずに、兄弟《きょうだい》はまだ取《と》りあいを続《つづ》けている。

「なんで赤《あか》ちゃんは、ぼくの楽《たの》しみを、すべて台《だい》なしにするんだ――!?」

二人《ふたり》が、あまりにも強《つよ》く引《ひ》っ張《ぱ》りあったので、はずみでテーブルの上《うえ》のコップがビューンと飛《と》んで、マーシャの足《あし》もとに落《お》ちた。

バシャ！　ピチャ！

こぼれたミルクが、高級《こうきゅう》そうなマーシャの靴《くつ》にかかってしまった。服《ふく》とコーディネイトした紫色《むらさきいろ》の靴《くつ》には、くっきりとシミが。固《かた》まるテンプルトン一家《いっか》。

「速報《そくほう》が入《はい》りました。うるさくて汚《きたな》いモンスターが子《こ》どもじゃ、パパとママは恥《は》ずかしいでしょうね！」

怒《いか》りにふるえながら、マーシャは一気《いっき》にまくしたてると、
パシャッ！

テーブルにあった別《べつ》のコップをとり、中《なか》のミルクを怒《いか》りに任《まか》せてティムの顔《かお》にぶちまけた！　ミルクをかけられたティムは、今《いま》にも泣《な》きそう。涙《なみだ》をけんめいにこらえている。

パシャッ！

今度《こんど》はママが、深皿《ふかざら》に入《はい》ったミルクをマーシャの顔《かお》にかけた。

「子《こ》どもを叱《しか》るのは、母親《ははおや》の仕事《しごと》よ！」

愛《あい》する子《こ》どもへの仕打《しう》ちに、ママは我慢《がまん》できなかったのだ。見《み》たこともない怖《こわ》い顔《かお》でマーシャをにらんだ。有名《ゆうめい》ニュースキャスターがなんだっていうの、偉《えら》そうに！

「はあっ！」

ママの剣幕《けんまく》に押《お》されて、マーシャは退散《たいさん》。その後《うし》ろ姿《すがた》に、パパも一言《ひとこと》ぶつけた。

「ぼくは子《こ》どもたちを、恥《は》ずかしいなんて思《おも》ってないぞ！」

ママ、パパ……。二人《ふたり》が自分《じぶん》のことを大切《たいせつ》に思《おも》ってくれている。両親《りょうしん》の愛《あい》を感《かん》じて、テ

イムはうれしくて涙《なみだ》がふっとぶ。そして、テーブルの上《うえ》にピョンと飛《と》び乗《の》って、叫《さけ》んだ。

「お楽《たの》しみナイト〜〜〜!!」

「うわぁ〜、大変《たいへん》……」

「ティムー、やりすぎはよくないぞ」

思《おも》いっきり楽《たの》しもうとティムがフロアに走《はし》っていくと、ママとパパもそのあとを追《お》った。

一人残《ひとりのこ》されたボス。そのとき、突然《とつぜん》、ボスの頭《あたま》にいいアイデアが浮《う》かんだ。

「騒《さわ》ぎだ！　騒《さわ》ぎを起《お》こそう。ステイシー、ジンボ、作戦《さくせん》がある」

「了解《りょうかい》です、ボス！」

ステイシーが、すばやく応答《おうとう》。ジンボは……まだネコを抱《だ》いてなでている。

「……ジンボ、お願《ねが》いだからネコをなでなでするの、やめてちょうだい」

「なでてない」

ジンボはあわててネコを振《ふ》りはらった。

「あー、あー、よくもこんニャ騒《さわ》ぎを、起《お》こしてくれたニャ〜、キミたち。だが、ニャ、ニャー、残念《ざんねん》だったニャ。もう遅《おそ》い」

ふいに、ボスの背後《はいご》からキャリコがぬっと現《あらわ》れた。ボスのすわっているベビーチェアをくるりと自分《じぶん》の方《ほう》に向《む》けた。するとボスも、負《ま》けじと返《かえ》す。

「そうか。騒《さわ》ぎが好《す》きなんだな、ブーツィー・キャリコ」

「ミャったくキミは、ほんとに賢《かしこ》い赤《あか》ん坊《ぼう》だニャ」

「おっおー、いろんなことを知《し》っとるよ。空《そら》が青《あお》いことも知《し》ってるし、牛《うし》がモーと鳴《な》くことも。そして、おとなしいネコが、この世《よ》に存在《そんざい》しないということも、知《し》ってる」

そう言《い》ってボスがパチッと指《ゆび》を鳴《な》らすと、バックヤードのドアが開《あ》いて、ステイシーとジンボが現《あらわ》れた。ステイシーは、手《て》にシャンハイペンギンガイを持《も》っている。

「あー！」

驚《おどろ》くキャリコめがけて、ステイシーは貝《かい》を投《な》げつけた。

ヒューン、ベチャ！

「いてっ！」

貝《かい》は、見事《みごと》キャリコの頭《あたま》に命中《めいちゅう》。カラから出《で》た中身《なかみ》が、髪《かみ》にべったりついている。

「にゃあぉー」

それを見《み》たミスター・パイナップルは、ペロリとやると、

「みゃお！」

一声《ひとこえ》鳴《な》いて、キャリコに飛《と》びかかった。もちろん、頭《あたま》の貝《かい》をめがけて。

「ダメニャ……落《お》ち着《つ》いて、ミスター・パイニャップル。うわ！」

ベビーチェアの上《うえ》で、ボスはやったぞと、ニンマリ。

ステイシーとジンボは持《も》っている貝《かい》を、フロアに向《む》かって手当《てあ》たり次第《しだい》に投《な》げまくった。

「うわー」

「キャー」

「なんじゃ、こりゃ」

ベチャ、グチャ、ベチャ、カチャーン
フロア中《じゅう》のお客《きゃく》さんの頭《あたま》や、料理《りょうり》の皿《さら》に命中《めいちゅう》し、貝《かい》が割《わ》れてべちゃべちゃになった。もちろん、マーシャのきれいにセットされた金髪《きんぱつ》にも命中《めいちゅう》。

ミスター・パイナップルは、それらの貝《かい》をめがけてお客《きゃく》さんの頭《あたま》に飛《と》び乗《の》ったり、爪《つめ》を

シャキーンと光《ひか》らせて、割《わ》れなかった貝《かい》のからを割《わ》ったりと、大興奮《だいこうふん》。何《なに》しろ大好物《だいこうぶつ》が、あっちにもこっちにも転《ころ》がっているんだから。お店《みせ》は、パニック状態《じょうたい》だ。

「お〜〜〜待《ま》たせしました〜！　おみやげネコちゃんで〜す」

そうとは知《し》らず、ウエイターがバックヤードから大量《たいりょう》のおみやげ用《よう》ボックスを持《も》ってフロアに入《はい》ってきた。……が、

「……あぁ…」

店内《てんない》の惨状《さんじょう》を見《み》て、ぼう然《ぜん》と立《た》ちつくすウエイター。すると、ボックスの中《なか》からネコたちが顔《かお》を出《だ》した。フロア中《じゅう》に漂《ただよ》う、貝《かい》の美味《おい》しそうな匂《にお》い。う〜ん、たまらニャい!!

みゃお？　ニャーニャーニャーニャー！

ネコたちは目《め》をキラキラさせて、いっせいに貝《かい》をめがけて飛《と》びかかった。

ベビーチェアの上《うえ》では、ボスがすずしい顔《かお》でこの騒動《そうどう》を眺《なが》めていた。ありったけの貝《かい》を投《な》げ終《お》わったステイシーとジンボが、ボスのもとに戻《もど》ってくる。

「ネコ愛《あい》が激減《げきげん》してる！　やりました!!」

ステイシーが通信機《つうしんき》をチェックして、ボスに報告《ほうこく》。モニター画面《がめん》を見《み》ると、ネコ側《がわ》のハートマークが、どんどん赤《あか》ちゃん側《がわ》に移《うつ》っていく。そして、ついに赤《あか》ちゃん側《がわ》のハートマークがいっぱいになった。赤《あか》ちゃん愛《あい》の勝《か》ちだ！

「二人《ふたり》とも、よくやった。明日《あした》は、休《やす》んでいい」

「え！」

休《やす》みと言《い》われて、ステイシーとジンボは、ビックリした顔《かお》。

「ははは－、冗談《じょうだん》だ。たっぷり、残業《ざんぎょう》していい」

すぐに、二人《ふたり》の顔《かお》はパッと明《あか》るくなった。仕事《しごと》が何《なに》より好《す》きらしい。

「じゃあ、また明日《あした》」

「うへへへ」

ステイシーとジンボは、うれしそうに帰《かえ》っていった。

そろそろティムたちも帰《かえ》る時間《じかん》だ。

「あなた、チップは多《おお》めに」

「ほとんど食《た》べてないけど……わかった」

チップをしぶったパパは、ママににらまれ、言《い》われたとおりにお金《かね》をテーブルに置《お》いた。

ママはティムの頭《あたま》にやさしくほおずりしてニッコリ。任務《にんむ》が終《お》わって赤《あか》ちゃんモードになったボスが、キャッキャッと声《こえ》をあげる。

「赤《あか》ちゃんは、まだ家族《かぞく》でお楽《たの》しみナイトの続《つづ》きをしたいみたいだね」

パパが、ベビーチェアのベルトを外《はず》しながら言《い》った。

「やったー!!」

ティムはバンザイして、赤《あか》ちゃんを抱《だ》っこし、店《みせ》を出《で》るママとパパの後《あと》を追《お》いかけた。

「おみやげネコちゃんは？　まだ心《こころ》のニャかでは、ネコちゃんを愛《あい》してるんでしょ？　ねえ？　せめてデザートは食《た》べてくださいニャ。ティラニャスですよ！」

キャリコが次々《つぎつぎ》と帰《かえ》り始《はじ》めるお客《きゃく》さんたちに必死《ひっし》でうったえる。

「おい、キャリコ。お前《まえ》のネコ・レストラン業《ぎょう》は、大災難《だいさいなん》だったな」

すれ違《ちが》いざまに、ボスはティムに抱《だ》っこされながら勝《か》ち誇《ほこ》ったように言《い》う。でも、

「それは、どうかニャ？　やっ貝《かい》ごととも言《い》える。うふふ」

キャリコは意味《いみ》ありげに笑《わら》うと、シャンハイペンギンガイを取《と》り出《だ》して、マーシャの席《せき》に置《お》いてあった緑色《みどりいろ》のバッグに入《い》れた。

「ハッ！」

ボスは悟《さと》った。どうやらキャリコは、まだこりずに何《なに》かを企《たくら》んでいるようだ。不敵《ふてき》な笑《え》みを浮《う》かべながら、こちらに向《む》かって手《て》を振《ふ》っている。この戦《たたか》い、長引《ながび》くかもしれないな……。

テンプルトン家《け》のリビングでは、四人《よにん》がそろって、映画《えいが》を観《み》ていた。ママとパパは床《ゆか》の上《うえ》に仲良《なかよ》く並《なら》んで、ほおづえをついている。ティムとボスは、ソファの上《うえ》。お楽《たの》しみナイトの続《つづ》きだ。ティムはボスに気《き》づかいの言葉《ことば》をかけた。

「ポップコーンは？」

「ノドにつまる。そんな簡単《かんたん》には、殺《ころ》せないぞ」

「……さっきはなんでも台《だい》なしにするって言《い》って、ごめん」

「まぁ……その評価《ひょうか》は、正《ただ》しいからな。ちなみに、かなり楽《たの》しんでるぞ。この映画《えいが》は、おウマさんが出《で》てくるし、ママさんの笑《わら》い声《ごえ》が落《お》ち着《つ》く」

「はーっはっはっは」

ママは一人《ひとり》で大笑《おおわら》いして、パパの首《くび》に腕《うで》を回《まわ》した。

「今夜《こんや》は、楽《たの》しめ。明日《あした》からまた、働《はたら》くぞ。ミスター・パイナップルズ・レストランは、なんとか失敗《しっぱい》に終《お》わらせたが、今後《こんご》もしばらく、企業戦争《きぎょうせんそう》は続《つづ》きそうだ」

ボスは、自分《じぶん》に言《い》い聞《き》かせるような口《くち》ぶりでティムに言《い》った。


深夜《しんや》、一台《いちだい》の車《くるま》が走《はし》っている。

車《くるま》は高級住宅街《こうきゅうじゅうたくがい》にある一軒《いっけん》の家《いえ》の前《まえ》に停《と》まった。家《いえ》のドアを開《あ》けたのは、ニュースキャスターのマーシャだ。

マーシャは玄関《げんかん》に入《はい》ると、サイドテーブルの上《うえ》に緑色《みどりいろ》のバッグを置《お》いた。置《お》くと同時《どうじ》にバッグの中《なか》で何《なに》かがウニョウニョ動《うご》き、ゴールドの留《と》め具《ぐ》がパカッと開《あ》いた。

ポン！　コロン！

中《なか》から飛《と》び出《だ》したのは、キャリコが入《い》れたシャンハイペンギンガイだ。

「ん？」

マーシャが振《ふ》り向《む》くと、今度《こんど》はゴソゴソと音《おと》がして、バッグからミスター・パイナップルがひょっこり顔《かお》を出《だ》した。

「ムニャニャニャニャ」

「ん、んん？　まぁ〜。あ〜ら、こんにちは、ネコちゃん」

貝《かい》に夢中《むちゅう》のミスター・パイナップルを抱《だ》きあげたマーシャは、首《くび》につけられたハート形《がた》のタグに気付《きづ》いた。

「チャンネル８ニュースって、書《か》いてあるわ。そう、今後《こんご》はうちの番組《ばんぐみ》の看板《かんばん》ネコちゃんってことね」

「みゃーお」

どうやら、キャリコの次《つぎ》の企《たくら》みが始《はじ》まったようだ。いったい何《なに》をしかけてくるのか。

その話《はなし》は、また今度《こんど》するとしよう！

おわり

★小学館ジュニア文庫★ ワクワク、ドキドキがいっぱいのラインナップ

〈話題の映画&アニメノベライズシリーズ〉

アイドル×戦士 ミラクルちゅーんず！
あさひなぐ
兄に愛されすぎて困ってます
あのコの、トリコ。
一礼して、キス
イナズマイレブン アレスの天秤 全4巻

ういらぶ。
海街diary
映画くまのがっこう パティシエ・ジャッキーとおひさまのスイーツ
映画プリパラ み～んなのあこがれ♪ レッツゴー☆プリパリ
映画妖怪ウォッチ 空飛ぶクジラとダブル世界の大冒険だニャン！
映画妖怪ウォッチ シャドウサイド 鬼王
おまかせ！みらくるキャット団 ～マミタス、みらくるするのナ～
小説 おそ松さん 6つ子とエジプトとセミ
怪盗グルーの月泥棒
怪盗グルーのミニオン危機一発
怪盗グルーのミニオン大脱走
ミニオンズ
怪盗ジョーカー 開幕！怪盗ダーツの挑戦!!
怪盗ジョーカー 追憶のダイヤモンド・メモリー
怪盗ジョーカー 闇夜の対決！ジョーカーVSシャドウ
怪盗ジョーカー 銀のマントが燃える夜
怪盗ジョーカー ハチの記憶を取り戻せ！
怪盗ジョーカー 解決！世界怪盗ゲームへようこそ!!

がんばれ！ ルルロロ
境界のRINNE 謎のクラスメート
境界のRINNE 友だちからで良ければ
境界のRINNE ようこそ地獄へ！
くちびるに歌を
劇場版アイカツ！
劇場版ポケットモンスター キミにきめた！
劇場版ポケットモンスター みんなの物語
心が叫びたがってるんだ。
坂道のアポロン
貞子VS伽椰子
真田十勇士
ザ・マミー 呪われた砂漠の王女
ジュラシックワールド 炎の王国
ジュラシックワールド 0
SING シング

次はどれにする？ おもしろくて楽しい新刊が、続々登場!!

シンドバッド 空とぶ姫と秘密の島
シンドバッド 真昼の夜とふしぎの門
呪怨―ザ・ファイナル―
呪怨―終わりの始まり―
小説 映画ドラえもん のび太の宝島
スナックワールド
スナックワールド メローラ姫を救え！
スナックワールド 大冒険はエンドレスだ！
世界からボクが消えたなら 映画「世界から猫が消えたなら」キャベツの物語
世界から猫が消えたなら
世界の中心で、愛をさけぶ
トムとジェリー シャーロック ホームズ
NASA超常ファイル ～地球外生命からの挑戦状～
二度めの夏、二度と会えない君
8年越しの花嫁 奇跡の実話
バットマンVSスーパーマン エピソード0 クロスファイヤー
花にけだもの
響―HIBIKI―
ペット
ぼくのパパは天才なのだ 「深夜！天才バカボン」ハジメちゃん日記

ボス・ベイビー
ボス・ベイビー ～ビジネスは赤ちゃんにおまかせ～

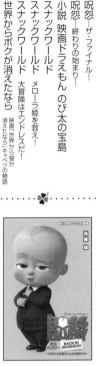

ポケモン・ザ・ムービーXY 破壊の繭とディアンシー
ポケモン・ザ・ムービーXY 光輪の超魔神フーパ
ポケモン・ザ・ムービーXY&Z ボルケニオンと機巧のマギアナ
ポッピンQ
まじっく快斗1412 全6巻
未成年だけどコドモじゃない
MAJOR 2nd 1 二人の二世
MAJOR 2nd 2 打倒！東斗ボーイズ
ラスト・ホールド！
レイトン ミステリー探偵社 ～カトリーのナゾトキファイル～1～4

〈この人の人生に感動！人物伝〉

井伊直虎 ～民を守った女城主～
西郷隆盛 敗者のために戦った英雄
杉原千畝
ルイ・ブライユ 暗闇に光を灯した十五歳の点字発明者

Shogakukan Junior Bunko

★小学館ジュニア文庫★

ボス・ベイビー ～ビジネスは赤ちゃんにおまかせ！～

2018年12月５日　初版第１刷発行

著者／佐藤 結

発行人／立川義剛
編集人／吉田憲生
編集／今村愛子

発行所／株式会社　小学館
〒101-8001　東京都千代田区一ツ橋２－３－１
電話／編集　03-3230-5105
販売　03-5281-3555

印刷・製本／中央精版印刷株式会社

デザイン／原茂美希

Printed in Japan　　ISBN 978-4-09-231269-2